区域发展与城市治理研究　　总主编：王明进

U1020001

市域治理现代化
城市政治学的中国范式探索

陈　波　李　岩◎著

外语教学与研究出版社
北京

图书在版编目（CIP）数据

市域治理现代化 ：城市政治学的中国范式探索 / 陈波，李岩著．-- 北京 ：外语教学与研究出版社，2023.7（2025.6 重印）
（区域发展与城市治理研究 / 王明进总主编）
ISBN 978-7-5213-4723-4

Ⅰ．①市… Ⅱ．①陈… ②李… Ⅲ．①城市管理－现代化管理－研究－中国 Ⅳ．①F299.23

中国国家版本馆 CIP 数据核字（2023）第 142596 号

出 版 人　王　芳
责任编辑　刘　荣
责任校对　于　辉
封面设计　锋尚设计
出版发行　外语教学与研究出版社
社　　址　北京市西三环北路 19 号（100089）
网　　址　https://www.fltrp.com
印　　刷　北京盛通印刷股份有限公司
开　　本　710×1000　1/16
印　　张　18.5
版　　次　2023 年 8 月第 1 版　2025 年 6 月第 2 次印刷
书　　号　ISBN 978-7-5213-4723-4
定　　价　68.00 元

物料号：347230001

前言

城市是生产的空间，城市化进程也是空间的再生产过程。城市的工业化和产业革命促进了工业、交通、金融等领域的发展，也改变了人口结构与城乡关系。同时，大量人口在有限空间内的集聚也催生出了不同于乡村的生活方式、思想观念、行为模式和治理体系。因此，卡斯特尔的著名论断——“城市化是21世纪早期人类主要的空间进程”并不准确，因为城市化并不只是肉眼可见的空间物理形态的更新，在这个空间内部，还引发了制度、观念等方面的变革，塑造了现代人类社会的存在方式。在中国语境下，城市以及城市化的内涵与角色发生了很大的变化，城市不仅是有着特定人口和产业的经济空间，而且是特定政治体系当中的一个治理单元，也是普通民众的日常生活空间。城市化承载了现代工业社会的大部分发展任务，也承接了现代化发展过程中的大部分矛盾。

本书从政治学的视角来探讨中国的城市化问题。这也是我们长期从事城市治理、社会治理等方面研究工作的阶段性成果。本书的编写主要考虑到以下三个方面的因素。第一，城市政治学是政治学的重要分支学科。随着中国城市化进程的持续推进而带来的城乡关系的逆转，以及大城市崛起导致的权力关系重构，城市政治学理应独立出来，并表达出鲜明的观点。第二，学界对社会治理的关注催生了大量的研究成果，但学者们并未区分“属于城市的治理”和“发生在城市的治理”。这表明，人们对城市性特征的基本认知还存在欠缺，从政治学角度去补齐这一认知短板，是深化城市政治学研究的基础性工作。第三，中国的城市化在较短的时间内实现了较大的发展，这是中国社会整体性变迁的宏大历史进程。中国的城市化也包含每个城市居民的个体行动，他们成为调和具有结构论倾向的历史叙事和具有能动论倾向的行为叙事之间的一股力量。本书从宏观变迁与微观行为之间的“中程机制”入手，通过个案研究勾勒出宏大历史进程的宽泛谱系，为微观行为的研究提供相关依据。

宏观的城市化布局界定了“城市是政治体系当中的特定结构”这一属性，这是一种国家的视角；而强理性规划并不能掩盖城市主体日常生活的逻辑，这是城市政治学的微观维度。中观的城市政治学为我们提供了一个非常生动、限定性较强的观察维度，它既要受到承接国家意志的结构性约束，又要有效回应民众的诸多诉求。因此，本书主要从中观维度来分析中国城市治理问题。此外，我们需要把握中国改革开放以来社会变迁的整体逻辑，探析影响中国社会变迁的内在机制。

本书属于“区域发展与城市治理研究”系列，以中观视角来探讨中国的城市治理问题。本书先以理论导入，探讨了城市治理的宏观、中观和微观维度，并且说明了选择中观维度的缘由。接着，本书对新中国的城市化进程进行了深刻剖析，同时以中观维度的视角来分析中国的城市化进程，将城市作为政治权力单元与社会治理单元，从而勾勒出从实验主义到设计主义的城市治理谱系。

此外，本书以北京和深圳为例，系统回顾了这两个城市的治理历程与重要特征，详细介绍了这两个城市在人口治理、社区治理、产业治理等方面的发展过程和成功经验。最后，由个案回到学理，对政治学视角下的城市空间生产及其国际化治理进行了探讨，对中国特色国际化城市治理的实践逻辑进行了总结，并进行了初步的理论创新，提出构建“面向城市治理的政治学理论”。

本书的编写以城市政治学研究团队的理论研究与田野调查为基础，全书的学术创意与理论框架源于陈波和李岩两位作者的学术探讨方案。各章节的编写主要归功于团队成员的共同协作，具体分工如下：第一、二、三、四章以及第八章由陈波执笔；第五章第一节由陈波与仇纳青合作完成；第五章第二节由江文路执笔；第五章第三节由陈波与龙臣合作完成；第六章由陈波与王岗合作完成；第七章由李岩与江文路合作完成。

本书得到北京外国语大学（简称“北外”）的“双一流”学术出版专项资助，北外围绕国家重大发展问题和全球治理问题，为青年教师的学术研究提供了从资金到平台的全方位支持。

由于受水平和时间的限制，书中疏漏、不当之处在所难免，诚请各位读者和专家批评指正。

本书作者

2023年5月25日于北京

目录

第一章

城市治理：城市政治学的中观维度

城市政治学是政治学的重要分支。随着中国城市化进程持续推进而带来的城乡关系大逆转，以及大城市崛起导致的权力关系重构，城市政治学理应得到重视。马克思主义城市政治理论关注城市的空间特性。马克思和恩格斯将城市空间纳入历史唯物主义的整体视野中，在这个空间里，资本积累、城乡关系、阶级斗争、国家社会关系等重要议题依次登场。从这个角度看，城市化承载了现代工业社会的大部分发展任务，也积累了在现代化发展过程中的大部分矛盾。然而，城市并不只是由特定人口、产业等要素构成的生活空间，而是特定政治体系当中的一个治理单元。我们可以将城市空间内部的复杂情况进行剖析，进而探讨城市政治学议题。

第一节
宏观维度：政治体系中的城市

城市与政治密不可分，一个城市就是一个政治体系。城市也可能会被纳入一个更大的政治体系当中。城市就是各种政治力量共同营建的社会工程。①

城市的发展与城市的政治化不可分割。有学者指出，城市的出现源于人类保护与安全的需求。在原始社会，氏族村落逐步采用壕沟或围墙来保护生命和财产的安全。②氏族村落不仅要抵御外敌的破坏，而且要抵挡战争的威胁。人口的增长使某些村落得到进一步的发展，于是村落逐渐成为宗教首领或军事首领统治的城市。③

在欧洲的历史发展进程中，诸多城市国家的发展推动了欧洲的现代进程。查尔斯·蒂利对城市国家进行了深入研究。11世纪后，欧洲的战争形态经历了封建骑士战争、雇佣军战争、常规军战争和民族化战争四个阶段。④ 封建骑士战争使规模较大的国

---

① 白云翔，顾智界. 中国文明起源研讨会纪要[J]. 考古，1992(6)：526-549.

② 杨宽. 中国古代都城制度史研究[M]. 上海：上海人民出版社，2016：5.

③ 毛曦. 试论城市的起源和形成[J]. 天津师范大学学报(社会科学版)，2004(5)：38-42.

④ 查尔斯·蒂利. 强制、资本和欧洲国家(990—1992年)[M]. 上海：上海人民出版社，2012：85-104.

家得到巩固和发展；而盛行于14—17世纪的雇佣军战争，则使商品经济比较发达的城市国家迅速崛起。城市国家发挥了塑造欧洲历史的重要作用。然而，城市国家的发展也使欧洲国家处于碎片化状态。从17世纪中叶到19世纪中叶的两百年时间里，欧洲国家完成了从封建权力的分化向集权政治的转变，进而向现代国家转型。在《威斯特伐利亚和约》签订时，德意志依然拥有近2000个诸侯国，普鲁士主导下的国家统一目标直到19世纪70年代才完成。①

在中国，城市本身就是政治权力的集中区域，从乡镇到市井，中国的城市遵循着政治化与商业化共生的逻辑。②"前现代"的中国是一个庞大的农业国家。在漫长的农业发展历程中，"大一统"体制下的纵向权力分配，决定了城市作为政治中心和军事中心的结构性位置。在这样的政治体制下，所有资源都要逐次分配，③从而限定了城市的经济和社会功能。

有些学者进行了更为细致的研究，并且提出了不同的观点。他们认为，在晚唐和宋代时期，中国发生了一次"城市革命"，主要表现是：官僚组织有衰败迹象，封闭式坊市制度被打破，城

① 杨光斌．比较政治学：理论与方法[M].北京：北京大学出版社，2018：39.

② 姚尚建．城市政治：正义的供给与权利的捍卫[M].北京：北京大学出版社，2017：1.

③ 江艇，孙鲲鹏，聂辉华．城市级别、全要素生产率和资源错配[J].管理世界，2018，34(3)：38-50，77，183.

内和城郊都出现了商铺和交易场所等。[①] 然而在当时，中国与欧洲仍然存在根本性的差异。一般来说，西方城市资源的集聚过程是市场的自发行为，城市化主要是市场经济不断发展的结果。欧洲商人通过雇佣军队、建立商法等措施来保持城市的运转，并为文艺复兴思潮的涌现创造了条件，而这些思潮反过来又为城市商人提供了维护他们自身利益的意识形态。根据学者们的研究，明代的松江府只有3个县；而在清代，松江府下辖9个县。这些新县城的兴起主要是国家为了有效征收赋税而进行细致划分的结果。[②] 由此可见，政治因素对一个城市的命运起到了至关重要的作用。[③]

当前，中国城市也有明显的等级结构。在同一行政区，形成了下级城市依附于上级城市的权力格局。[④] 在传统的“中央—省—市—县—乡”财政体制下，上级款项层层下拨，每级政府通常会优先考虑本级政府的财政需求，结果导致下级政府的财政资源往往被上级政府“剥夺”，但事权却向下层层分配，从而

① Isaac R, Elvin M. The Pattern of the Chinese Past[J]. Journal of the American Oriental Society, 1975, 95 (3).

② 冯贤亮. 传统时代江南的中层社会与乡村控制[J]. 上海社会科学院学术季刊, 2002(2)：166-175.

③ 赵鼎新. 国家、战争与历史发展：前现代中西模式的比较[M]. 杭州：浙江大学出版社，2015：8.

④ 姚尚建. 城市政治：正义的供给与权利的捍卫[M]. 北京：北京大学出版社，2017：2.

形成了财权与事权不对等的状况。[①]

实际上，中国的城市都是双重职能叠加的空间。一方面，每个城市都有其行政级别，并深深嵌入其政治体系中。城市在其中扮演着特定的角色，发挥着特定的功能，同时受到特定结构的约束。另一方面，一个城市也是一个经济体，是其区域内部资源的集聚地。它是市场经济发展的空间载体，也是人们进行日常生活实践的地域范围。当前，中国城市始终遵循着政府与市场共生的逻辑，市场和行政两种资源配置手段长期并存。

改革开放以来，中国的城市发展遵循着“实验主义”的演进逻辑。[②]而在当下，中国的城市发展布局开始出现了“设计主义”的“强规划逻辑”[③]。正如党的十八届三中全会报告中提出的那样，要使“加强顶层设计和摸着石头过河相结合”。[④]这是改革开放以来中国“实验主义”改革逻辑下取得的重要经验。我们看到，当代中国城市在社会主义政治体系当中的等级结构日益明确，而这套体系的设计也日趋合理。

① 江艇，孙鲲鹏，聂辉华．城市级别、全要素生产率和资源错配[J]．管理世界，2018，34(3)：38–50，77，183.

② 韩博天．红天鹅．中国独特的治理和制度创新[M]．北京：中信出版社，2018：5–6.

③ 李文钊．党和国家机构改革的新逻辑——从实验主义治理到设计主义治理[J]．教学与研究，2019(02)：59–71.

④ 人民网．三中全会公报：加强顶层设计和摸着石头过河相结合[EB/OL]．[2022.10.11]．http://politics.people.com.cn/n/2013/1112/c1001-23519244.html.

改革开放以来，中国城市的政治级别大致可分为直辖市、副省级城市、非副省级省会城市、普通地级市、县级市等。其中，直辖市直接由中央管辖。直辖市的市委书记为中央政治局委员，市长为正部级。省会城市是一个省的行政中心。省会城市的市委书记为副省级的省委常委。20世纪80年代设立的计划单列市，后来演变为副省级城市，此类城市享有省级经济的管理权，财政收支跟中央直接挂钩，不需要上缴省级财政。表1–1列举了国家中心城市的功能定位与发展任务。

表1–1　国家中心城市的功能定位与发展任务

城市	功能定位	发展任务
北京	全国政治中心、文化中心、国际交往中心、科技创新中心。	增强文化软实力，提升国家影响力，强化创新功能，加快中关村国家自主创新示范园区建设，改善人居环境。
天津	国际港口城市、生态城市、北方经济中心。	重点开发天津滨海新区，构筑高水平产业结构，增强辐射能力，带动区域发展。
上海	国际经济、金融、贸易、航运中心，国际大都市。	发展现代服务业和先进制造业，强化创新能力和现代服务功能，增强辐射能力，带动区域发展。
重庆	长江上游经济中心、金融中心、商贸物流中心、科技创新中心和航运中心。	加快两江新区建设，增强集聚力、辐射力和竞争力。
成都	西部地区重要的经济中心、科技中心、文创中心、对外交往中心和综合交通枢纽。	加快天府新区和国家自主创新示范区建设，完善对外开放平台，提升参与国际合作和竞争的层次。
武汉	全国经济中心、高水平科技创新中心、商贸物流中心和国际交往中心。	强化支撑作用，拓展沿江发展新空间。

（续表）

城市	功能定位	发展任务
郑州	引领中原城市群，支撑中部崛起，国际化现代都市。	发展枢纽经济，提升科技创新能力，增强经济实力。
西安	西部地区重要的经济中心、对外交往中心、丝路科创中心、丝路文化高地、内陆开放高地、国家综合交通枢纽，建成具有历史文化特色的国际化大都市。	加快西安中心城市建设步伐，加强西咸新区、西安高新区国家自主创新示范区和西安国家级经济技术开发区的建设，强化面向西北地区的综合服务和对外交往门户功能，提升维护西北繁荣稳定的战略地位。

进入21世纪，“国家中心城市”这一概念在中国首次出现。2010 年2月，住房和城乡建设部在《全国城镇体系规划（草案）》中明确提出，建设北京、天津、上海、广州和重庆这五大国家中心城市。2016年5月至2018年2月，国家发展和改革委员会及住房和城乡建设部先后发函支持成都、武汉、郑州和西安建设国家中心城市。

北京主要体现的是政治功能和文化功能，上海则体现的是现代化国际大都市功能，天津则属于国际港口城市，广州重点发挥对外交往功能，重庆则要求能够对长江上游及西部地区起到集聚、辐射和带动作用。具体来说，在空间上，北京是国家的首都，上海是东部地区的中心城市，天津是北部环渤海地区的中心城市，广州则是珠三角地区的中心城市，重庆是西南地区长江上游的中心城市；在对外开放程度上，北京的定位是世界城市，上海是现代化国际大都市，天津是国际港口城市，广州是国际城市和对外交往中心，而重庆则是内陆开放高地；在文化功能上，北京的定位是国家历史文化名城，上海和重庆为历史文化名城，广州则为文化中心；在基础设施方面，上海属于国际航运中心，天津是国际港口城市，重庆则是西南地区的综合交通枢纽。①

“国家中心城市”概念的提出体现了中国城市发展的三个重要特征。第一，中心城市具有非常明确的城市定位和发展任务。第二，根据每个城市的区位条件、发展现状和比较优势，分别赋予其特定的功能，在空间上体现出全局性规划，在功能上体现出互联互助、相辅相成的作用。第三，城市化与区域化、全球化深度融合。在当前经济全球化和信息网络化的时代，经济活动能够实现地域上的高度分离和全球范围内的高度整合，国家城市等级体系也开始向全球城市网络体系转变。

通过上述分析，我们可以对宏观维度的城市发展进行简要总结。城市起源于复合型的功能需求，伴随国家性质、战争形式、经济形态的发展，城市的政治性越来越强。城市最终成为嵌入民族国家体系当中的一个发挥区域中心作用的治理单元。在这方面，中国的城市与西方的城市在发展时序上存在诸多差异。第一，中国城市的发展以政治职能为起点。在改革开放过程中，中国城市作为经济体的集聚作用逐步被释放出来。第二，城乡关系

① 李林，赵文丹. 国家中心城市的选择与功能定位[J]. 学术交流，2012(04)：140-144.

有了很大的变化。在“前现代”发展过程中，城市依附于农村而发展，其经济体量、人口密度、商业规模都要以周边农村的生产力水平、生产规模为基础。而在现代工业经济的浪潮中，生产资料和劳动力的高度集聚，使城市成为区域经济发展的增长力量，能够对农村发挥辐射和带动作用。第三，中国城市的发展逐步呈现出区域化和体系化的特征，能够超越地理空间范围，与其他城市进行互联互通，逐步形成城市网络。第四，中国的城市遵循着经济和政治这两个方面的双重逻辑，设计主义逻辑在城市体系的构建和城市发展的规划中得到应用，中心城市服务于国家意志。

第二节

中观维度：现代化治理中的城市

如果我们将城市放置在国家政治体系中进行观察，各个城市并不是孤立的存在物。它们已经深深地嵌入到政治体系当中，并依靠政治、经济和文化之间的联系形成了城市网络。每个城市都是这个等级体系当中的治理单元。从宏观角度来看，城市政治学关心的问题是城市网络的形成、全国范围内的城市布局、城乡关系的发展等。在城市化进程不断推进、“到处都是城里人”的情况下，城市的集聚性特征越来越明显，城市内部的治理问题也越来越多。

从19世纪40年代到20世纪70年代，发达国家三分之二的人口成为城市居民。到20世纪90年代，发达国家四分之三的人口成为城市居民。预计到2030年，发达国家的城市人口预计会达到六分之五。城市化进程是21世纪早期的主要空间进程之一。城市的影响力日益增强，世界城市或大都市的影响更大。美国361个城市的GDP占到了全国GDP的86%。在这种情况下，研究城市内部的政治学议题的重要性慢慢凸显出来。

马克思主义城市政治理论将资本主义制度下的工业城市看成是资本主义生产的主要场所和“巨大容器”，城市本身就是资本积累的重要环节，在资本的积累中扮演着重要角色。[①] 城市化与工业化密切相关，产业革命带来的不仅是城市的工业、交通、金融和商业等领域的发展，而且人力资本成为最重要的生产要素之一。恩格斯在《英国工人阶级状况》中对此有过一段经典的描述：

“大工业企业需要许多工人在一个建筑物里面共同劳动。这些工人必须住在近处，甚至住在不大的工厂近旁，他们生活的区域也会形成一个完整的村镇。他们都有自己的需要，为了满足这种需要，村镇还要有其他的人。于是，手工业者、裁缝、鞋匠、面包师、泥瓦匠、木匠都搬到这里来了。村镇的居民（特别是年轻一代）逐渐习惯在工厂工作，逐渐熟悉各种工作。当第一个工厂不能保证一切希望工作的人都有工作的时候，工资就会下降，结果就是新的厂主搬到这个地方来了。于是，村镇变为小城市，而小城市也变为大城市。城市越大，搬到里面来的工厂就越有利，因为这里有铁路、公路和运河，这里可以挑选的熟练工人越来越多……这里有顾客云集的市场，这里跟原料市场和成品销售市场有直接的联系。这就决定了工厂和城市以惊人的速度快速扩张。”[②]

人口和产业在有限的空间范围内的高度集聚，带来的不仅是生产效率和生产规模的增长，还会使人与人之间的矛盾越来

① 曹海军．城市治理理论[M]．北京：北京大学出版社，2017：21．

② 中共中央马克思恩格斯列宁斯大林著作编译局．马克思恩格斯选集（2）[M]．北京：人民出版社，2012：300-301．

越多。与“前现代”时期的传统农村呈现出的分散和孤立的特征相比，城市的快速扩张带来的是人类社会的“压缩时空”，即城市化带来了人们对“时空”概念的重构。[①]随着产业革命的兴起，生产效率的提升直接推动了生产速度的加快。现代管理制度和工业流水线的出现加快了生产速度。这也意味着，生活在其中的人们不得不加快生产，提高速度。在加快生产的过程中，空间上的障碍也得到了克服，交通运输设备的更新和信息传输技术的发展，使空间距离大大缩短，并且提升了资本积累的速度，也使群体之间、阶层之间的矛盾和冲突更加发展。

城市生产模式的变化改变了城市的权力结构，重新塑造了城市内部的空间秩序。列斐伏尔通过对“空间”概念的哲学思辨，批判了“将空间视为容器和场”的传统观点，提出了“空间是产物”这一核心观点。[②]在城市空间里，工厂、银行、商业中心等构成了巨大的网络，城市也就变成了一台巨大的“增长机器”。

然而，作为一种“生产的空间”，城市不仅是一台“增长机器”，而且是人们生活的场所，人们的日常生活实践也在不断发生变化。在政治和金融活动不断向城市中心集聚的同时，城市居民被迫向城市边缘地带迁移，不得不进入“出行—工作—休

① Harvey. The Condition of Postmodernity[M]. Oxford: Blackwell, 1990: 240.

② Henri Lefebvre. The Survival of Capitalism: Reproduction of the Relations of Production, Trans [C]. Frank Bryant, Allison and Busby, London: The Johns Hopkins University Press, 1976: 21.

息”的循环模式，人们的生活节奏不断加快。当然，这种生活并不只是日常琐碎的事情，还包含着社会的实质，充满了价值和消费。列斐伏尔将其称为“由消费支配的官僚社会”，是一种“消费主义世界”。①

城市在不断扩张的过程中形成了一个充满矛盾的空间。一方面，城市管理者强化了大城市作为权力中心和政治决策中心的功能；另一方面，城市的发展会使其超越内部行政层级的限制，甚至会使政治体系碎片化。在城市内部，在有限的空间范围内集聚了大量的生产资料和人口，“增长机器”的高速运转进一步压缩了时空，给城市管理者带来了巨大的挑战。城市内部的空间出现了立体式分层，人们在有限的空间内相互割裂，他们又不得不在有限的空间内不断碰撞和摩擦。这一切都给城市的治理带来了巨大的挑战，城市政治学的重要性也因此凸显。

从城市治理者的角度看，城市政府在城市治理中的作用主要是在融资、规制、协调、监督等方面，②下面我们一一介绍。

一、融资

城市化的迅猛发展产生了供水、排水、交通、治安、消防、

① 陈炳辉．西方马克思主义的国家理论[M]. 北京：中央编译出版社，2004：132.

② 曹海军．城市治理理论[M]. 北京：北京大学出版社，2017：338.

住房、卫生等一系列需要政府解决的问题。无限的社会需求与有限的公共物品和服务形成了一对持久的矛盾。一方面，不断涌入的人口和不断增大的生产规模促使公共服务的需求规模和质量要求不断提升；另一方面，生产带来的环境污染、分配能力的欠缺等问题，也在不断提升公共物品和服务的成本，这些问题无一不在考验城市政府的治理能力。在这种背景下，政府购买服务的方式和PPP模式[①]由此出现。政府可以决定由谁来生产、生产什么样的公共物品，但政府并不一定直接参与公共物品的生产，转而通过与社会资本合作的形式来完成。如果社会资本有足够的能力完成公共物品的生产任务，政府就可以退出生产领域，转而履行购买和监督的职责；如果社会资本能力不足，或者因为潜在的利润不足而使企业不愿意全面参与进来，政府就无法完全退出生产领域，而需要在项目设立和推进、资产处置等方面与社会资本进行合作。

我们看到，私营企业通过公私合作的形式进行投资、建设和管理，甚至拥有基础设施。在全球范围内，交通体系、自来水供应系统、污水处理设施、电信系统、电力设施、公共建筑、固体废物和有害物质处理系统等基础设施，经常由私营企业

① PPP模式是指政府与社会资本合作的模式，是公共基础设施中的一种项目运作模式。在这种模式下，私营企业需要与政府合作，参与公共基础设施的建设。

负责。[①]

在城市开发和城市更新的过程中，城市政府的融资职能具有鲜明的经营性特征。20世纪70年代，学界兴起了“城市增长机器论”，城市政府无疑是开启这台机器的重要力量，城市运作的关键要素——土地和资本需要政府的引导和分配。对于土地，城市政府需要区分其使用价值和交换价值，并通过商业开发来提升其交换价值，同时满足居民的使用需求。对于资本，城市政府需要创建竞争机制。城市政府的重要功能之一就是服务资本，促进经济增长。

二、规制

列斐伏尔认为，城市空间具有一定的政治性和战略性，突出表现为城市规划与高层决策者之间密切关联。从这个角度看，城市是人类改造出来的人类生存空间。政府需要对这个空间进行规制，以便弥补市场失灵造成的不良后果，减少因追求经济增长而带来的负面作用。

政府规制不只是一种制度安排，还是一种付诸实践的国家行为。在保证城市经济增长、城市正常运转等方面，这种规制尤为

① E. S. 萨瓦斯（E. S. Savas）. 民营化与PPP模式 推动政府和社会资本合作[M]. 北京：中国人民大学出版社，2015：237.

明显。比如，在城市公共交通建设方面，早在10世纪初的法国和英国就已经出现类似现代出租车的公共马车，此后公共汽车和地铁成为城市公共交通系统的主要运输力量。然而，随着经济的飞速发展，城市人口急剧增加，城市空间不断扩大，而出行效率大打折扣，于是各国开始推广小型汽车，有些国家甚至以拆除公共交通系统的方式来支持小型汽车产业的发展，因此带来交通拥堵、环境污染、交通事故频发等问题。这就导致当时某些城市（比如伦敦）的公共交通的速度甚至低于公共马车的速度。到现在，世界上的超大城市都已建立了以公共交通系统为主、以小型路面交通为辅的城市交通系统。这也是城市政府对交通进行规制的最终结果。

城市规制是一个动态过程，因为城市化本身就是一个动态变化的过程。在城市规制中，人口问题是一个重点问题。城市（特别是以追求经济增长为第一要务的城市）会对流动性强的资本要素产生偏好。同时，人口并不只是经济学意义上的生产要素，它还具有一定的社会性。人口会产生身份认同、社会融合、权力争夺等问题，从而给城市治理带来更大的挑战。城市扩张会使人口不断涌入，这种涌入具有一定的规律性。在中国的城市化过程中，城市政府始终保持着对人口的“强规划”政策，主要表现是：采取紧缩型政策，严格限制人口在大城市落户。因此在中国，城市产生了大量具有中国特色的流动人口，也产生了农民工这一特殊群体。城市移民的涌入在行政体制上处于被排斥的位置，这也表现为城市内部居住空间的分异。[①]群体分殊导致居住空间的隔绝，城市内部的治理难题由此形成。

三、协调

城市的扩张具有多重维度，经济和人口的急剧增长可能会超出政府的掌控能力。城市空间逐步演化为一个复合体，政府代表的国家、企业代表的市场和社会团体代表的社会在其中扮演着重要角色。这些因素共同作用，形成了一个多中心的治理体系，政府在其中扮演着协调者的角色。这种协调主要包括两方面的内容：一是城市政府内部的协调，二是政府对市场和社会的协调。

奥斯特罗姆等人通过对美国城市的研究，提出了城市政府的碎片化问题。在一个大都市区域内，在地域碎片化和职能碎片化的双重作用下，大都市会形成政府碎片化的“马赛克”。[②]比如，第二次工业革命之后的美国，其城市进一步扩张，而政府保持着“守夜人”的理念未进行改革，城市管理体制的改革步伐并

---

① 在一个城市中，具有不同特性的居民会聚居在不同的空间范围内，整个城市保持一种居住分化甚至相互隔离的状态。

② 洪世键. 大都市区治理的理论演进与运作模式[M]. 南京：东南大学出版社，2009：68.

不能满足社会经济发展的需要，导致美国当时存在众多只履行交通、消防、供水、住房、社区开发、建筑管理等单一职能的城市政府。实际上，当代城市也存在类似的状况，功能割据、地域割裂、层级分离等问题使管辖边界越来越模糊。[①] 近年来，中国城市进行的基层治理改革，不管是浙江的“只跑一次”，还是北京的“街乡吹哨、部门报到”，它们要解决的都是政府部门之间的协调问题。

城市扩张带来的结果是：城市不断发展，市场和社会不断变化。市场是城市化过程中的重要推动力量，直接影响了城市政治的建构，使城市在资本积累的过程中成为阶级斗争的舞台。当农民变成城市居民后，城市也成为社会的有机体，市民社会不断成长，昭示着大众权利时代的来临。

中国在改革开放后的城市化过程，也是市场和社会力量不断成长的过程。改革开放释放了各种活力，新兴企业主成为重要的受益者和贡献者。因此，有学者用“法团主义”来描述中国改革开放以来的合作机制，而这个机制主要出现在城市。“离土不离乡”的城镇化策略实际上并没有改变中国农业发展投入的“过密化”问题，而从结果上看，最终能够实现可持续发展的乡镇主要

① 张玥. 城市碎片：北京、芝加哥、巴黎城市保护中的政治 [M]. 北京：北京大学出版社，2019：42–43.

是因为它们处于城市发展的辐射范围内。[①] 经济发展最终带来的是国家与社会的相对分离，社会获得了越来越多的自我成长的空间。城市空间里的各种社会组织、基层协商民主制度等培育了居民的自我管理能力。在强调民生建设的社会主义新时代，政府、市场、社会的三元互动局面也日渐鲜活。从这个角度上看，在城市复合体当中，政府不再是一个大包大揽的“兜底者”，而是朝着协调者的角色转变。

四、监督

自欧美国家重塑政府的运动开始以来，关于政府的角色引发了持久的争论。政府需要从协调者向协作者转变。然而，政府、市场和社会这三类主体的边界依然是清晰的，政府作为监督主体的角色无法改变。

多中心治理格局的形成使政府可以将一些“划桨职能”交给市场和社会去履行，政府只负责“掌舵”，将更多的精力投入到对市场和社会的监管中，目的在于做一个“强政府”，而不是“大政府”。[②] 政府对社会和市场的监管趋势是：逐步放松经济规

① 刘守英，王一鸽. 从乡土中国到城乡中国 —— 中国转型的乡村变迁视角[J]. 管理世界，2018，34(10)：128-146，232.

② 薛澜，李宇环. 走向国家治理现代化的政府职能转变：系统思维与改革取向[J]. 政治学研究，2014(5)：61-70.

制，加强社会规制。[①]主要原因在于，社会规制与政府调节市场、提供公共服务等职能密切相关。

中国政府的职能转变经历了八次政府机构改革，整体上可以分为两个阶段。第一个阶段，主要解决的是应对市场经济发展而进行的精兵简政、权力下放等方面的改革，其目的在于：为市场经济发展提供合理的治理机制。第二个阶段，随着贫富差距加大、环境污染加重等问题的出现，中国出现了卡尔·波兰尼提出的“反向运动”。[②]美国的做法是：加强政府对市场的引导与规制，以解决市场经济带来的种种弊端。与之相比，当前中国的改革依然是让市场在资源配置中起决定性作用。

在中国高速推进的城市化进程中，政府起主导作用，其中城市融资平台的大量兴起就是一个典型例子。政府借助城市融资平台化身为市场主体。在党的十八届三中全会以后，公共物品供给的重要方向主要表现为政府购买服务的方式以及PPP模式。这意味着，中国的城市政府又一次进入了调试阶段：既要转变理念，调动自身与市场的积极性，又要切实进行相关机构、制度和机制的建设，将“合作型治理”落到实处。在这种合作机制中，政府全面或部分退出公共物品的生产领域，转而成为支付者和监管

① 苗红娜．治理时代西方国家的政府规制改革——兼论后规制政府的兴起[J]．重庆大学学报（社会科学版），2010，16（2）：83-88．

② 王绍光．波兰尼《大转型》与中国的大转型[M]．北京：生活·读书·新知三联书店，2012：12．

者，体现了政府从协调者向协作者转变的趋势。

城市作为政治体系中发挥特定功能的结构性主体，既受到体系的结构性约束，又受到越来越多的国家意志的约束。然而，城市政府依然是有着能动性的城市管理者，需要解决城市化进程中出现的纷繁复杂的社会经济问题，在这个动态变化的过程中不断调整自身职能。这也是我们观察城市政治演变的重要视角。

第三节
微观维度：城市化进程中的社区治理

社区是人们生活的场所，从社区着眼，有助于了解中国社会。[①] 因此，社区可以说是城市政治学研究的微观基础。

社区是指人们结成的具体的地域性社会生活共同体。[②] 这种共同体的建构源于两种可能性：第一，住房私有化和住房市场的社会选择机制增强了居民的一致性和利益关联性；[③] 第二，在社区当中，人与人之间将会产生普遍的互惠关系。[④]实际上，社区之所以能够成为一个重要的实体性的研究对象并形成一种独特的研究范式，主要原因在于：它是一种可以具体观察的复合体，其中存在着国家、社会、市场和政党之间的互动。

一、社区治理中国家与社会的关系

在计划经济时代，中国社会是按照决策者的意愿构建的一种理性秩序，在城市中形成了作为生产和生活的单位体制。这是一

① 费孝通，刘豪兴．社会调查自白[M]. 上海：上海人民出版社，2009.

② 陈美萍．共同体：一个社会学话语的演变[J]. 南通大学学报（社会科学版），2009，25（1）：118–123.

③ 王小章．何谓社区与社区何为[J]. 浙江学刊，2002（2）：20–24.

④ 冯钢．现代社区何以可能[J]. 浙江学刊，2002（2）：5–11.

种“寓管理于服务之中”的社会控制策略。“前现代”中国的治理单元（即家庭）逐步失去了治理效用，转而成为一种人口计数单位。在这种背景下，整个社会的人际关系渗透了更多的政治意味，单位与个人之间、单位与单位之间形成了一种以政治逻辑为基础的行政等级秩序。

从20世纪80年代开始，政府职能发生了诸多变化，国有企业逐渐改变了“企业办社会”的运行模式，将原先的社会服务职能向外转移。随着就业制度的变化，无单位的人员越来越多，待业者、下岗者、个体劳动者和非公单位的工作人员与街道办事处、居委会的联系越来越密切。人口流动的限制逐步放松，由此产生了大量的城市流动人口。这些变化给城市治理者带来了巨大的挑战。

中国城市的基层治理与国家主导和控制之间保持着密切的联系。基于国家利益的种种考量，国家设置的部门进行了许多制度创新，这实际上也是为了更好地解决城市政府的社会整合与控制问题，社区因此成为国家的治理单元。[①] 社区的发展过程并非是一个独立于国家力量之外的过程，商品房小区自治也不是一个闭门造车的乌托邦。[②] 随着经济和社会的不断发展，国家对社会的

① 杨敏. 作为国家治理单元的社区——对城市社区建设运动过程中居民社区参与和社区认知的个案研究[J]. 社会学研究，2007（4）：137-164，245.

② 王汉生，吴莹. 基层社会中“看得见”与“看不见”的国家——发生在一个商品房小区中的几个“故事”[J]. 社会学研究，2011，25（1）：63-95，244.

控制主要是“柔性控制”，国家意志的展现更加隐蔽和柔和，因此形成了基层政权、社区自治组织、市民团体和市民个人共同构成的非制度化合作关系。

当然，随着社会与国家的适度分离，社区也有更多的自主性。有学者认为，在社会转型期的城市社区中，国家与社会的关系既不是国家丧失控制力的“断点”，也不是国家向邻里强力渗透的“切入点”，而是一种介于两者之间的“粘连”状态，即国家对城市社区仍然拥有一定的控制力，但它受到各种社会因素的影响。[①]

因此，我们可以将社区的演变看成是上下结合的各种力量共同推动的社区自治和城市共治过程。一方面，政府向社区让权、还权、授权，这成为社区自治的“第一推动力”；另一方面，社区涌现出追求社区自治的现代公民，对现有的政治管理体制形成强有力的冲击。[②] 社区是现代社会中国家、家庭、市场等力量共同作用的产物，是一个并不独立却相对自治的空间。[③]

---

① 桂勇．邻里政治：城市基层的权力操作策略与国家—社会的粘连模式[J]. 社会，2007(6)：102-126，208.

② 李培林，李强，马戎主编．社会学与中国社会[M]. 北京：社会科学文献出版社，2008：134-156.

③ 朱健刚．城市街区的权力变迁：强国家与强社会模式——对一个街区权力结构的分析[J]. 战略与管理，1997(04)：42-53.

二、社区治理中社会与市场的关系

社会主义市场经济的发展对社区治理产生了巨大的影响。一方面，商品房社区的普及形成了以私权为基础的业主群体；另一方面，在市场经济浪潮中出现的其他类型的社区[①]居民，也不得不迎合市场经济的需求，改变其固有的生活方式。

社区治理中社会与市场的关系首先体现在城市更新和城市开发之中。城市化的快速推进导致城市土地的价格快速上涨，由此产生了区域之间的地价差异。核心地区的地价快速上涨，导致土地的交换价值要高于其使用价值，大范围的棚户区改造和拆迁在提升城市居民的居住品质的同时，也改变了城市居民居住空间的分布状况。在这个过程中，作为开发主体的市场方与居民之间因此有了基于市场逻辑的谈判过程。然而，这样一个复杂的博弈过程蕴含着巨大的商业风险。因此，在这个过程中，政府不得不发挥重要作用，由此产生的结果就是：城市居民享有的这种城市化带来的福利并不是一种普惠性的福利，而是一种基于市场逻辑交换而产生的经营性福利。

另一个研究视角是社区居民的维权与抗争行为。有学者认为，居住是公民非常重要的生存基础和生活内容，维护合法的

① 其他类型的社区包括逐步脱离公有制单位的传统大院和在城市扩张中产生的回迁安置房社区等。

居住权和房屋产权是公民的基本追求，也就是所谓的“居住的政治”。[①] 2007年颁布的《中华人民共和国物权法》以法律形式确立了国家对房屋所有人财产权的保护，也赋予了房屋所有人按照法律的手段保护自有财产的权利。也就是说，产权界定了房屋所有人与国家之间的权利和义务关系。

推行房改政策的直接产物，就是房屋由具有经营资格的房地产开发公司建造，居民按照市场价格购置，产权归业主所有。当住房由房地产公司开发经营时，市场的力量就被引入社区当中。对拥有私人产权的业主来说，提升居住品质、实现房屋保值、增值目标成为其主要诉求，为居民提供专业服务的物业公司也就成为参与社区治理的市场力量的代表。保护合法产权和提升服务质量成为业主维权的主要内容。这里主要存在两个矛盾：一是就房屋面积、质量等问题，业主与开发商之间存在矛盾；二是就物业费、物业服务、更换物业等问题，业主与物业公司之间存在矛盾。业主之间的共同问题表明了业主拥有共同的利益诉求，从而塑造了“邻里”这个处于“国”与“家”之间的公共空间。“邻里”的出现不仅催生了业主的主体意识，而且激发了业主的维权行为。诸多学者对这种社区当中的维权行为进行了研究，并勾勒出了集体行动的建构机制，同时揭示了集体行动的微观心理基础。

① 郭于华，沈原．居住的政治——B市业主维权与社区建设的实证研究[J]．开放时代，2012（2）：83-101．

这些研究为我们观察社区当中居民与市场的互动行为提供了重要参考。

此外，在社区公共物品的供给中，物品的供给模式需要根据物品的特性来确定。根据萨瓦斯的研究，物品特性可以分为排他性以及兼具个人与集体的特性。[①] 其中，私有物品需要由市场来供给，集体物品需要由政府来供给，这是物品供给的基本原则。然而，实际生活中的物品并非只是私人物品和公共物品，兼具私人和公共两种属性的社会物品也大量存在。社会物品兼具公共物品和私人物品的部分特性。第一，这类物品具有“非普惠性”特征，超出了政府必须提供的范围，仅由政府来承担则会增加其财政负担。第二，这类物品具有一定的排他性，使用者愿意为此类物品支付费用，其价格因而受到市场机制的调节。第三，随着使用人数的增加，这类物品的平均成本会降低。第四，这类物品与民众的日常生活密切相关。如果这类物品仅由市场来提供，可能会因垄断而造成公平性丧失。

社会物品的存在催生了政府与社会资本合作的模式。这样做既保证了物品的供给效率，又保持了基本的公平性。一方面，充分利用其付费属性，通过筹措社会资本，减少政府借贷的需求；实行使用者付费的制度来回收运营成本，弥补政府财政不足等问

① E. S. 萨瓦斯（E. S. Savas）. 民营化与PPP模式：推动政府和社会资本合作[M]. 北京：中国人民大学出版社，2015：237.

题，以更低的成本满足公众需求。另一方面，以政府提供政策性支持、实物或资金入股、价格补贴等形式，在吸引社会资本投入的同时，发挥政府在公共物品供给方面的质量把控、价格监督等职能。

提供这类公共物品主要有两种方式：一是政府购买服务，二是政府与社会资本合作的PPP模式。在私营部门可以获得一定的成本补偿且有一定的盈利的情况下，政府才能完全退出对该类公共物品的直接供给机制，转而履行监管和付费的义务，这就是政府购买服务。如果私营部门获得的补偿不足或者自身的能力有限，社会资本只会部分参与其中，这就导致政府无法完全退出供给机制，必须在组织架构、风险分担、项目资金投入等环节与社会资本合作，这就是PPP模式。

PPP模式是一种政府、市场和社会互动合作的模式，所以这种模式的运行会直接受到居民的评价和监督。这就导致PPP项目提供的公共物品的受众范围是局部性的，需要在社会资本和政府博弈的基础上，加入局部受众，从而形成三方博弈的局面。因此，PPP项目的运行需要与基层社会治理、基层民主协商等软性制度结合起来。

三、社区治理中的政党嵌入

社区制是在街居制的基础上建立起来的基层自治制度。在经历单位制解体后，社区制具备了基层管理任务、社区服务和政治建设这三项功能。[①] 在实际运作中，这三项功能并不是相互分离的，政治建设功能处于核心地位，为其他两项功能的实现提供了保障。

以社区制取代街居制，不仅要求社区接手单位制遗留的管理空间，还要求社区夯实党的执政基础，维护社区稳定。也就是说，社区不仅是居民的生活空间和公共服务的传输终端，而且是党建的基础。在“坚持党对一切工作的领导”的指导下，社区党建由内部建设转向全面领导。[②] 这种全面建设的作用可以体现为以下两个方面的整合。

第一，社区内部机构的整合。社区有居委会、社区服务站、社会组织、企业、驻区单位等多种类型的机构，这些机构存在权力配置不一致、考核依据不一致、行事逻辑不一致等情况，导致社区难以形成合力。特别是在应对突发事件时，社区的行动力会大打折扣。加强党建引领，实际上重新划定了社区的权力结构，力图借助党组织的力量来实现社区内部机构的有机整合。

---

① 吴晓林．治权统合、服务下沉与选择性参与：改革开放四十年城市社区治理的“复合结构”[J]. 中国行政管理，2019（07）：54-61.

② 同上。

第二，社区内部力量的整合。有学者举过北京商务中心区核心区的例子，介绍如下：

位于北京商务中心的北京建外街道，是一个新建小区非常集中的地方。可以说，这里是一个典型的“陌生人的世界”。在这里，有4万余常住人口，不仅有16个新建小区以及81幢高档公寓楼，还有近30家外国驻华使领馆。作为北京市经济发展最具活力的区域之一，这里有近40家高级酒店和饭店，有60多栋写字楼，还有6000多家具有一定规模的企业。随着新建小区的出现，66家物业管理公司和9家业主委员会先后成立。其中，南郎家园社区由2个新建高档住宅小区、3个老小区、9座写字楼、4家星级饭店组成，拥有居民4611户，共1.2万余人，其中流动人口占60%以上。此外，南郎家园社区还有各类企业1500多家。南郎社区的居住小区和写字楼全部实行了物业管理制度，现有物业公司13个，其中居住小区的物业公司有6个，有4个小区成立了业主委员会。要在这样一个世界里构筑人际关系和谐、互助合作的新社区，其难度可想而知。①

面对像南郎家园社区这样的社区，没有行政强制力，就很难对其进行有效的整合和管理。党组织依靠其分布在各类、各级组织机构中的党员网络，利用党内组织管理制度，采用群众工作路

① 郑杭生，黄家亮．论我国社区治理的双重困境与创新之维——基于北京市社区管理体制改革实践的分析[J].东岳论丛，2012，33（01）：23-29.

线，进行“渗透式”整合，从而为实现社区整合提供基础。

当前，中国的城市化进程已经超过了60%。在城市化率达到70%之前，城市依然会保持快速发展。中国的城市化进程已然成为中国现代化进程的重要标志，城市也成为政治体系中的重要治理单元，其治理的难度也会随着城市的发展而不断加大。从城市政治学的角度对这个复杂过程进行观察，需要对其进行分析和解构，主要包括：从全国的城市战略布局、整体的城市化策略来剖析城市的发展问题，此为宏观维度；从城市的内部治理来分析由城市化带来的“国家 — 社会 — 市场”关系的变迁，此为中观维度；从社区层面来观察和分析整体的城市化策略，以及“国家 — 社会 — 市场”的具体关系，此为微观维度。本书聚焦于城市政治学的中观维度，认为城市既要有承接国家意志的结构性约束，又要有效回应民众发出的诸多诉求。通过城市政治学的中观维度，我们可以窥视中国改革开放以来社会变迁的整体逻辑，可以探析影响中国社会变迁的政治与社会运行机制。

第二章

中国城市治理的双重维度：历史与空间

城市治理存在历史和空间两个维度，这在马克思主义城市政治学中得到体现。在马克思主义政治学理论中，占据主导地位的概念是时间，而不是空间，更不是地点。① 但从散落于马克思主义经典著作中的关于城市政治的论述，我们可以清晰地看到马克思主义理论对空间的关注，“空间”“土地”“住宅”等关键词常常出现在相关的理论著作中。

城市治理的历史维度可以称为阶段性维度，而空间维度也可称为局部性维度。阶段性是指现代化的时间过程，局部性是指现代化的空间结构。② 城市治理是一个动态的历史过程，随着城市

① 曹海军. 城市治理理论[M]. 北京：北京大学出版社，2017：17-18.

② 李华胤，侣传振. 从分治到合治：现代化进程中的城乡关系转变与走向[J]. 河南师范大学学报（哲学社会科学版），2019，46（5）：8-15.

化进程的不断推进，治理的形态、方式、策略等也在不断发生变化。从最初的城市政治化逻辑到政治化与商业化共生的逻辑，城市的演进在成长动力、内部形态、外部关系等方面经历了各种变革。在中国，特别是在改革开放以后，转型期的剧烈变革为城市发展带来了高密度的变化。

如果我们将城市的发展划分成多个阶段，那每个阶段的变化也是非常复杂的，这其中既有经济学者关心的人口迁移、生产要素集聚等问题，也有社会学者关心的社会融合、阶层分化、居住分离等问题，还有政治学者关心的城市内部权力结构变化、治理模式转型等问题。在计划经济时代城乡隔离的状态下，城市发展的同质性较高，历史维度和空间维度上的变化并不复杂。而在改革开放以后，城市化则在空间维度和历史维度上产生了不同的变化，并且塑造了复杂的城市谱系，为我们从中观维度分析中国的城市治理问题提供了纷繁复杂的背景。

第一节

历史维度：从城乡分离到城乡融合

城市化过程中必然会出现城乡分离，但城乡分离并不一定代表城乡之间的对立。实际上，城乡分离是人类文明和社会进步的前提和基础。马克思和恩格斯预测了城乡关系发展的趋势，指出了城乡关系“合一 — 分离 — 对立 — 融合”的发展路径。

在人类社会早期，由于生产力水平十分低下，缺少社会分工和城市生产的条件，所以不存在城市与乡村的区别，城乡关系处于浑然一体的状态。这一时期呈现的城乡关系是城市对农村的依附关系，是“城市的乡村化”。古代历史也是城市发展的历史，过去的城市是以土地财产和农业为基础的城市。亚细亚的历史是城市和农村无差别的统一。[①] 在马克思看来，真正的城市是在特别适合发展对外贸易的地方出现的。实际上，这是把城市的经济功能与人口在空间上的集聚联系起来了。从这点来看，中国在唐代就打破了政治权力对市场力量的束缚，有了当时世界上较为发达的城市。中国自北宋开始，经济始终保持着高度的商业化。[②] 然而，资本主义与市场经济不同，资本主义的发展直接导致现代

① 马克思，恩格斯．马克思恩格斯全集（第46卷）[M]．中共中央马克思恩格斯列宁斯大林著作编译局编译．北京：人民出版社，2016：480．

② 赵鼎新．国家、战争与历史发展：前现代中西模式的比较[M]．杭州：浙江大学出版社，2015：133．

城市的出现，并且出现了真正意义上的城乡分离，产生了人类社会历史上的“大断裂”局面。只有在这种情况下，城市才会成为经济发展的引擎，城乡分离的局面才会出现。在新中国成立之初，中国已经出现了现代意义上的城市。

城乡分离既是现代化的起点，又是治理者策略选择的结果，城乡关系的变化出现在现代化进程当中。徐勇以“迈入社会主义新时代”为标志，将中国的现代化分为“初期”和“中后期”两个阶段，城乡关系在其中表现出不同的形态，初期是分治型的城乡关系，中后期则是合治型的城乡关系。①

不管是城乡分治，还是城乡合治，都体现了城市作为发展引擎的带动作用。新中国最初的城乡发展策略是一种城乡分离的政策，即城市在这一阶段并没有发挥带动乡村发展的功能，反而需要农村对城市进行单向度的资源输送，为城市发展提供大量的资源。因此，我们中国城乡发展的历史分为城乡分离、城乡合治和城乡融合三个阶段。

一、城乡分离

城市与乡村在生产方式、生产要素、资源、交通、居住形式等方面均存在较大的差异，这种差异源于漫长的历史差异，并延

① 徐勇．论现代化中后期的乡村振兴[J]．社会科学研究，2019(2)：36-41.

续至今。这种城乡之间的差异构成了新中国城市化的起点，在国家工业化战略下，这种差异得以延续甚至扩大。

新中国成立不久，党和政府就开始推进以发展重工业为目标的现代化进程，实施偏向城市的发展策略。重工业具有资本密集等特征，却无法吸纳大量的劳动力。因此，国家不得不实行高度集中的资源配置计划，只有这样才能人为地压低重工业发展的成本。① 因此，农业充当了为工业提供资源的重要角色。实际上，这种状态与“城乡合一”具有相似的特征，即城市的规模往往取决于周围农业社会的生产力水平。“在农业生产水平较低的古代社会，城市的规模越大，它的周围就越需要广阔的农耕村落。反过来说，周围农村的广阔程度也决定了城市的发展规模。”② 也就是说，中国是在城市化水平较低甚至还未完全摆脱“城乡合一”的状态下，开始了城市化和工业化的进程。这样的起点决定了城市不能脱离农村，城市也不太可能起到带动农村发展的作用。针对这样的状况，国家建立了以下三项制度。

第一，农产品的统购统销制度。计划经济时代的农产品市场和价格政策对资源配置并没有起到积极作用，几乎所有农产品的价格都是由政府来确定的。大多数农产品都以较低的价格卖给国

① 林毅夫，蔡昉，李周．中国的奇迹：发展战略与经济改革[M]．上海：上海人民出版社．1994：22.

② 大渊宽，森冈仁．经济人口学[M]．张真宁等译，北京：北京经济学院出版社，1989：15.

家设置的收购部门。据统计，在1962—1978年，农产品价格只调整过3次，价格提高幅度不超过30%。[①] 这样的制度安排造成的结果主要包括以下三个方面。其一，城市粮食的供给得到了保障，为城市工业化发展提供了物质基础。其二，全国的粮食供应仍然十分紧张，粮食生产体系非常脆弱。在20世纪60年代后期，国家不得不通过进口粮食来解决国内粮食供给不足的问题。其三，农民收入没有提高前，农业部门也没有起到为非农部门提供劳动力的作用。

第二，集体化与人民公社制度。新中国成立后，国家进行了较为彻底的土地革命。在第一个“五年计划”取得成功之后，国家采取了人民公社化的管理制度。这一制度的主要缺陷是缺乏激励机制，这里有两个基本问题：其一，单个家庭不是产品的拥有者，这就削弱了农民的生产积极性；其二，农业生产主要基于集体领导的决策，而这些领导又经常远离生产活动，不能获得充分的决策信息。因此，这一时期农业生产效率不增反降。

第三，限制城乡人口流动的户籍制度。按照陆益龙的研究，新中国成立之初建立的户籍制度，主要是为了维护社会治安，保障公共安全。这一阶段的户籍制度并不具有强制性。[②] 随后，中国出现了强制性的户籍管理制度，主要存在以下三个方面的原

① 黄季焜．六十年中国农业的发展和三十年改革奇迹——制度创新、技术进步和市场改革[J]. 农业技术经济，2010(1)：4-18.

② 陆益龙．户籍制度控制与社会差别[M]. 北京：商务印书馆. 2003：115.

因。其一，保证充足的农村劳动力。这主要是为了增加粮食产量，并为城市提供充足的资源。[①] 其二，维护城市秩序。城乡缺乏限制的结果会让城市政府难以控制失业人数，从而导致城市失序。其三，贯彻国家的计划经济战略。“在当时优先发展重工业的计划经济模式下，为解决国家战略和资源禀赋之间的矛盾，国家通过限制劳动力自由流动的方式来降低劳动力价格。”[②]

在这三项制度的综合控制之下，中国形成了特有的城乡分离现象，形成了影响至今的城乡二元结构。在这一时期，中国的城市普遍存在地区行署制度。行署是“行政督察专员公署”的简称，是省级派出机构，在某地区内代行一级政府的部分职能，管辖区域内若干个县（或市）。[③] 这一时期的城市治理模式属于体现产业分工的城乡合治模式。[④] 但这种合治是以城市优先发展为前提的，而不是城乡融合。其主要的原因在于：城市发展处于初步阶段，缺乏一个能够带动周边农村发展的中心城市，城市与农村之间的界限并不明确，城市的发展还需要农村提供各种资源。

① 彭希哲等. 中国大城市户籍制度改革研究[M]. 北京：经济科学出版社，2015：46–47.

② 林毅夫，蔡昉，李周. 对赶超战略的反思[J]. 战略与管理，1994（6）：1–12.

③ 江荣海等. 行署管理 阜阳行署调查[M]. 北京：中国广播电视出版社，1995：80.

④ 姚尚建. 城市政治：正义的供给与权利的捍卫[M]. 北京：北京大学出版社，2017：6.

二、城乡合治

改革开放以后，中国的城市化进程快速推进，有些学者提出了“村落终结”理论，解释了从村落的“非农化”到村落终结的变迁逻辑。[①]实际上，这种现象也意味着城市化进入了一个新的发展阶段。城市发展已经超越了“依靠农村输送资源”的阶段，转而进入了“辐射和带动乡村发展”的新阶段。改革开放以后，中国的乡镇企业获得了巨大的发展，中国进入了乡村工业化阶段。在这一阶段，乡镇工业增加值由6%增长到26%，吸纳的雇员数量从1978年的2827万增长到1996年的1.35亿。[②] 费孝通将中国乡村的工业化称为“离土不离乡”。[③] 实际上“离土”并不准确，“离土”也并不意味着“离农”。乡镇企业的发展主要延续了传统经济中“分工”和“分业”的传统。乡村工业化的基本特征是“分业未离土”，即农民在本乡本土搞工业化，没有真正脱离“乡土中国”。这表明，在经济发展方面，农村存在着的较为明显的局限。

在这一阶段，一些农村地区之所以得到发展，主要是因为

---

① 李培林. 巨变：村落的终结——都市里的村庄研究[J]. 中国社会科学，2002(1)：168–179，209.

② Esherick J W. Commercialization and Agricultural Development: Central and Eastern China, 1870–1937. By Loren Brandt. New York: Cambridge University Press, 1989: 232 [J]. The Journal of Economic History, 1991, 51 (2): 501–503.

③ 费孝通. 费孝通文集(第九卷)：1983–1984[M]. 北京：群言出版社，1999：192.

它们在城市发展的辐射范围内。苏黛瑞给我们讲述了这样一个事实：

20世纪80年代以后，在城市务工的农民有了一定的经济收益，但这种政策红利并不是所有农民都能够享受到的。苏黛瑞将当时的中国农民分成以下三类。第一类，在城市周边地区拥有足够经济资本或技术资本的农民。他们主动到城市谋生，这类人能够在城市里快速找到安身立命的行当。第二类，距离城市较近的农民。在家庭联产承包责任制实行后，农业生产能够解决温饱问题，却并不能较好地改变农民的经济地位，农民需要外出务工赚取收入。第三类，距离城市较远的农民，他们没有条件在城市获得更好的发展。①

现代化发展的经验和历程证明了“城市是社会发展的中心和动力”这一观点。对处于现代化过程中的国家来说，城市化显得尤为重要。②中国的工业化和现代化进程离不开城市化的持续推进，这个过程伴随着农村数量的缩减。例如，1990年，中国的行政村总量大致为100万个；到2010年，中国的行政村总量已经降到64万个。

国家政治制度决定权力分配结构。在分权体制下，城市政治的合法性并不是由中央政府授予的。在集权体制的国家中，城市

① 苏黛瑞．在中国城市争夺公民权[M]．杭州：浙江人民出版社，2009：184-186.

② 张鸿雁，谢静．“制度投入主导型”城市化论（1）[J]．上海城市管理职业技术学院学报，2006（02）：23-25.

是国家权力的基本单元，在这种条件下的城市发展“既是官僚主义的，又是标准化的”。[①] 在中国，城市治理是国家治理链条上的一环，以特定的方式来控制城市仍然是国家保持整体发展的重要手段。城市化意味着经济和人口的集聚，而人口的大规模集聚又与群体行动密切相关，容易产生治理者眼中的“失序”与“混乱”。因此，在中国语境下，以秩序与稳定为目标的社会控制与以发展为目标的城市化之间存在着内在的冲突，使城市化存在发展悖论。也就是说，城市化程度越高的地区，政府的社会控制力就会越大。

布莱恩·贝利在《比较城市化：20世纪的不同道路》中对北美、第三世界国家和部分欧洲国家进程进行了比较研究。他在这本书的结尾部分这样写道：“第三世界国家追求权力、控制和规划……在有效控制方面，东欧地区和苏联的指令性经济可以作为例证……出于对社会和经济公平的考虑，政府在努力控制城市化进程。”[②]

与上述例子不同，中国走的是一条“以城市引领乡村”的管治之路。中国的城市是“国家统治、管理和控制地方的中心据

① 布莱恩·贝利．比较城市化——20世纪的不同道路[M]．北京：商务印书馆，2008：194.

② 布莱恩·贝利．比较城市化——20世纪的不同道路[M]．北京：商务印书馆，2008：187.

点”，是一种“城乡合治”的地域型管理模式。①在计划经济时代，中国的城市发展是一个在社会主义工业化思想指导下受到高度控制和计划的过程。中国的大部分城市主要是在工业化的基础上发展起来的，②城市是社会主义的生产单位。

改革开放以后，城市的经济功能不断扩大。无论是大城市还是小城市，它们都有一个共同特征，即农业的现代化变成了城市化。在城市化的过程中，国家展现出强大的控制力，包括城市的治理能力和发展能力等。③

中国城市的发展轨迹包含了强势的规划思维和明显的控制痕迹，因此，中国的城市化道路具有“制度型动力体系”的特点，即通过政府的制度型安排形成了高度的城市化，我们称之为“制度型城市化”。它主要表现在以下四个方面：第一，城市战略是由政府管控的；第二，城市建设是以政府为主体的；第三，城市人口的发展是由政府控制的；第四，城市的土地是由政府掌握的。

改革开放以后，城市发展的根本动力不再是单纯的政治布局，完全依靠政治动员集聚人口、调配资源的计划模式已经失去了效力，市场在资源分配中起到了越来越重要的作用。然而，市场的发展并没有压缩政府的权力，政府依然保持着强大的社会控

① 刘君德. 中外行政区划比较研究[M]. 上海：华东师范大学出版社，2002：243.

② 王丰. 分割与分层：改革时期中国城市的不平等[M]. 杭州：浙江人民出版社，2013：34.

③ 陈映芳. 城市中国的逻辑[M]. 上海：三联书店，2012：6.

制力。针对这种状况，有学者提出了“市场—政治共生模型”。[①]在这个模型里，国家处于中心位置，市场、社会等主体都在政治权力设定的框架中运行。国家具有强大的控制能力。一方面，因为市场具有明显的优势，所以国家倾向于采用市场手段；另一方面，在市场逻辑之外，国家还有维护政治稳定、保持其合法性等独特的利益需求，这些需求又促使国家对市场进行控制。

从1982年至今，我国实行的是“市管县”体制。这实际上也是为了解决城乡分治问题，充分发挥城市的带动作用。地区行署管理县和城市政府管理县是不一样的，它们之间有很大的区别：地区行署是作为省政府的派出机构来管理县，而城市政府则是以自身的名义来管理本地区。“市管县”实质上是把上一级城市政府的部分权力还给了下一级政府。这种城乡合治的管理模式进一步强化了政府的权力结构。从2008年开始，中央和地方又开始探索“省直管县”的模式，但这项改革的速度较为缓慢。有些发展较快的县已经改成了市，或者改为区。

三、城乡融合

“消除城乡对立是建立共同体的首要条件，这个条件需要一定

① Ling Chen and Barry Naughton. A Dynamic China Model: The Co-Evolution of Economics and Politics in China [J]. Journal of Contemporary China, 2017, 26 (103): 18–34.

的物质基础，这个条件单靠意志是无法实现的。”[①]现在城市化发展初期，城乡差距会不断扩大，但这种情况并不符合现代性特点。如果不能实现农村地区的现代化，也就不能完成中国的社会主义现代化事业。城乡融合式发展的特点主要包括以下几个方面。

第一，城市的不断扩张，导致越来越多的农村变成城市。随着城市化进程的推进，城市的范围也在不断扩大，直接导致的结果就是：越来越多的农村逐渐成为城市的一部分。因此，中国的工业化和现代化进程也必然导致农村数量的减少。这个过程也产生了诸多过渡类型，如城中村、城乡结合部、转型村等。同时，这个过程也产生了诸多新城和新区。当然，这也导致了土地的城镇化快于人口的城镇化、城市重复建设、城镇无效投资等问题。农村变成城市是一个较为复杂的综合转型过程，牵扯到土地、产权、人口、身份、权益等方面的问题，也会改变以血缘、亲缘、地缘等社会关系网络构成的乡村生活共同体及其群体规范。

第二，制定乡村振兴战略，推动农村的现代化发展。改革开放以来的城市发展政策，导致城乡发展出现不均衡的状况。在劳动力、土地、资金、技术等要素都存在从农村向城市单向度流动。城市区域发展的不均衡性也制约了其带动农村发展的作用。

① 马克思，恩格斯. 马克思恩格斯选集（第1卷）[M]. 中共中央马克思恩格斯列宁斯大林著作编译局编译. 北京：人民出版社，1995：104–105.

所谓的“村落终结”[①]，实际上是小农经济模式的终结，而不是真正意义上的乡村终结，更不是现代农业的终结。城市化过程中出现的“空心村”“空壳村”等现象恰恰是城市化的正常结果。随着农民工“代际革命”的出现，新一代农民工在城市中出生、长大并接受教育，他们实际上已经完成了内在的城市化过程，在思想观念、就业技能、价值取向等方面已经有了很大的变化。他们很难回到农村从事传统农业的生产，于是出现了“回不去的农村”。然而，城市却有可能是“留不下的城市”，农民工在“市民化”的过程中出现了所谓的“半城市化”，相当一部分农民工处于“经济上被接纳、制度上被排斥”的尴尬境地，这恰恰是城市发展政策遗留下来的制度问题。在城市化过程中出现的留守儿童、空巢老人等问题，表面上看是发生在农村的现象，实际上也是城市问题带来的溢出效应。

因此，实行乡村振兴政策实际上是一种城乡融合发展战略，目的在于改变城市的偏向性政策。在2010年之前，全国的局面是“城市带动农村发展”；而在2010年之后，乡村经济的发展带动了农村居民的消费力，农村地区改变了以往完全被动的局面，城乡互动逐步增强。同时，在乡村振兴政策的支持下，以牺牲农村发展来促进城市化的政策取向得到扭转，乡村在城市化过程

① 李培林. 巨变：村落的终结——都市里的村庄研究[J]. 中国社会科学，2002（1）：168-179，209.

中逐步明确了自身的定位 既可以承接城市向外疏解或转移的产业，又可以凭借自身的优势来发展农村特色经济，实现农村地区产业升级，与第二业产和第三产业融合，共同促进农业的现代化发展。

第三，通过特色小镇建设来推动农村的现代化。特色小镇的建设是一个在政府主导下有意识、有目标、有计划地推进乡镇建设的过程。①通过集聚高端要素、构建特色产业等方式来提升小镇的良好产业生态，既优化了区域产业的生态系统，又增强了区域内部的发展动力，为提升区域的核心竞争力和可持续发展能力构筑了新的平台。②中国特色小镇的建设经验起源于浙江，在转化为全国性经验的过程中，中央与地方在特色小镇的定位上出现差别。在浙江省最初的界定中，特色小镇属于“非产业区”或“非行政区”。而在中央政府的界定中，特色小镇属于城镇体系中的重要组成部分。虽然中央与地方在特色小镇的定位上出现一些差别，但特色小镇的治理结构体现了村镇融合发展的原则，是统筹城乡发展的重要载体。

从发展背景、空间差异等角度上看，特色小镇建设具有非连

① 王小章．特色小镇的“特色”与“一般”[J]. 浙江社会科学，2016（3）：46–47.

② 盛世豪，张伟明．特色小镇：一种产业空间组织形式[J]. 浙江社会科学，2016（03）：36–38.

续性和过渡性的特征。[①] 特色小镇建设有利于促进农村地区经济资源的适当集聚，推动农村的城市化。特色小镇是介于大城市和农村之间的过渡地带，是在推动农村产业发展、实现农村劳动力向“非农化”方向转移目标驱动下出现的特殊城镇。实际上，特色小镇建设的驱动力来自城市建设中有限的用地指标，包含了一定的城市偏向性，这就决定了特色小镇建设依然要在大城市的辐射范围内。在全国范围内推动特色小镇建设也会面临较大的局限性。在经济欠发达地区，建设特色小镇的路子可能并不好走。

不过，特色小镇的建设经验依然具有城乡融合发展的进步意义。它使城乡边界变得模糊，城乡之间的差距也会缩小。它试图发挥中心城市的辐射作用，为农村获得城市发展的红利提供了一种新路径。

总之，从历史角度来看，中国的城市化具有一定的阶段性特征，具体表现为城乡关系的阶段性演进。在现代化发展过程中，农村与城市之间的差异和矛盾必然是一个绕不开的话题。在现代化初期，城乡关系体现为城乡分离。在这一阶段，中国实行的是地区行署制度，但由于资源输送存在单向度，这种城市偏向性政策使城乡差距进一步扩大。在逐渐取消城乡之间的资源流动的部分屏障后，中国的城乡关系进入了“城乡分治”阶段，乡村在这

---

① 姚尚建．城乡一体中的治理合流——基于“特色小镇”的政策议题[J]．社会科学研究，2017(1)：45-50．

一阶段持续衰落。城乡融合发展阶段实际上是有效制定政策、充分发挥城市辐射和带动作用的新阶段。振兴乡村并不是要振兴所有的乡村，也不是要扩大乡村人口规模，而是要尊重现代化发展规律，以明确的城乡分工来增强农村发展的内在动力，促进城市资源向农村地区流动，最终形成城乡之间的良性互动。

第二节

空间维度：局部聚合和全局均衡

任何国家的城市化不只是一个扩大城市人口规模的过程，还涉及各个城市在不同地区的分布。[①]从这个角度说，城市化既是生产要素在局部聚合并不断扩大的过程，也是一个在全局范围内逐步形成稳定、均衡发展体系的过程。在空间维度上，中国的城市化以低水平的不均衡发展为起点，在改革开放后朝着高水平的集群式方向发展。在这个过程中，政策导向、行政层级、地理条件等因素发挥了各自的作用。

第一，政策导向在中国的城市发展中起到了至关重要的作用。在计划经济时代，中央有着强烈的社会控制愿望，城市建设要服务于工业化战略。在市场经济时代，虽然中国的改革受到了自下而上的推动，但国家仍然是城市建设的直接推动者。[②]“严格限制大城市，适当发展中型城市，重点发展小城镇”的城市发展策略，在要素流动、土地使用、招商引资等方面对中国的城市化产生了重大影响。

有学者对新中国的城市规划类型进行了阶段性划分，实际上

① 陆铭. 空间的力量——地理、政治与城市发展[M]. 上海：格致出版社，2013：23.

② 李路路. 制度转型与分层结构的变迁——阶层相对关系模式的“双重再生产”[J]. 中国社会科学，2002(6)：105-118，206-207.

体现了政策对中国城市化的重要作用。改革开放之前的城市规划属于“生产建设计划驱动型规划”。在计划经济体制中，为谁生产、生产什么、如何生产、在哪里生产等都由计划决定，城市的发展政策要服务于生产，城市的发展计划只是国民经济计划的延续。改革开放之后的城市规划则属于“招商引资驱动型规划”。在市场经济体制中，为谁生产、生产什么、怎样生产、在哪里生产等都由市场机制决定。一个城市能否发展，取决于其在市场竞争中能否获得生产所需的稀缺资源。因此，为生产进行规划就是为城市获取稀缺资源的规划，通过招商引资来发挥城市作为经济增长中心的作用。进入社会主义新时代，城市的发展以实现人民美好生活需求为目标。因此，城市化转变为“生活品质驱动型的城市化”。① 这表明，城市化是一个受政府和市场双重力量支配的发展过程。

第二，行政层级在城市化过程中起重要作用。中国的城市是内嵌在政治体系中的治理单元，行政层级构成了城市发展的重要条件，这就决定城市能够受到政策的支持并吸引各种资源。因此，我们看到大多数区域中心城市成为区域的行政中心。在经济学中，城市的人口规模和分布具有“齐夫法则”——在市场机制运行良好的国家，城市的排序和人口规模存在一定的规律。然

① 蔡昉，都阳，杨开忠．新中国城镇化发展70年[M]．北京：人民出版社，2019：183–184.

而，中国的城市人口规模和分布却并不一样。中国城市人口的规模和分布符合双重帕累托对数正态分布（DPLN）模型，体现为显著的收敛式的增长特征。[①] 也就是说，中国大城市的人口规模并没有达到自然分布状态下应有的规模；而一些小城市的发展可能并非是人口自然集聚的结果。如果流动人口向大城市的流动受阻，他们会选择中等规模城市落脚，所以中等城市会形成更大的人口规模。[②]

这种状况出现的原因主要在于城市的行政级别存在差异。国家推行的是“严格限制大城市规模，适当发展中等城市，大力发展小城镇”的城市发展策略。城市的行政级别越高，意味着城市获得资源的能力越强。这种资源分配方式既包含了市场机制的资源集聚，也存在依靠行政力量对资源的选择性分配。依靠行政层级进行资源分配，有可能会导致资源错配，不利于资源的有效利用。随着市场经济的深入发展，经济职能和政治职能开始由不同的城市承担。比如，北京的“四个中心”战略定位已经没有“经济中心”了，某个省会城市也可能不是这个省的经济中心。

第三，地理条件依然存在一定的影响力。我们对比中国的生产中心在计划经济时代和改革开放后的地理分布情况后就会发

① 邓智团，樊豪斌．中国城市人口规模分布规律研究[J]. 中国人口科学，2016（4）：48-60，127.

② 蔡昉，都阳，杨开忠．新中国城镇化发展70年[M]. 北京：人民出版社，2019：133.

现，这两个时间段之间存在较大的差异。前者是生产计划决定城市的分布，后者则是多种力量的综合作用的结果。其中，交通位置、资源禀赋等地理条件起到了十分重要的作用。马克思主义理论认为，城市既是生产要素的空间聚合体、劳动力的集聚地以及商品流通的集散地，又是展示其经济功能的重要的场所。[①]这就意味着在现代工业经济中，生产要素可以集中在一个有限的地理空间里，现代城市因此形成。现代城市存在的重要原因就在于城市经济发展的集约性。

城市的空间分布受到历史惯性的影响，也受地理因素的影响。港口的交通便利性会使当地出现更多的贸易活动，从而形成以港口为中心的城市。[②]但在政治系统中，行政力量需要广泛分布在整个国家的疆域中，行政力量存在的空间差异较小，而地理条件则存在较大的空间差异，这两种力量的空间分布存在一定的错位，冲突因此出现。

在经历了依靠行政力量主导的发展阶段后，中国的城市分布为市场机制发挥作用提供了更大的空间。中国的城市分布经历了以下三个阶段。

---

① 李明超．马克思和恩格斯的城市思想论要[J]．中共天津市委党校学报，2009，11（2）：8–12．

② 陆铭．空间的力量——地理、政治与城市发展[M]．上海：格致出版社，2013：24．

一、低水平的城市治理

1950年，中国的工业化和城镇化水平较低，人均GDP仅为119元人民币。可以说，中国是当时世界上最贫穷、最落后的国家之一。与城市化密切相关的工业化水平也非常低，工业部门创造的增加值为119.8亿元，对国民经济的贡献率只有17.6%。①这也决定了当时中国的城镇化率仅为11.8%，远远落后于当时发达国家超过50%的城镇化率，也落后于当时世界的城镇化率接近30%的总体水平。即便与当时发展中国家的平均城镇化率（即17.7%）相比，中国也存在一些差距。

1950年，中国还没有出现人口规模超过500万的城市。其中，上海的人口总数是492.73万，它是中国当时人口规模最大的城市。1949—1957年，中国的城镇人口由5765万增加至9949万，足足增长了4184万，平均每年有523万人由农村户口转变为城镇户口，城市化水平由10.7%增长至15.4%。1958年以后，我国的城市化进程较为曲折，既经历了增长，也经历了行政干预下的"逆城市化"。1960—1963年，我国的城市化率持续下降，由19.7%下降至16.8%，主要原因在于：国家通过行政手段压缩城镇人口规模。到了1978年，中国的城市化基本处于停滞状态，城镇化率为17.9%，甚至低于1960年的水平。

① 蔡昉，都阳，杨开忠．新中国城镇化发展70年[M]．北京：人民出版社，2019：6.

城市化是一个伴随工业化和经济发展而产生的人口和产业的集聚现象。在计划经济时代，中国的城市化表现出较为特殊的一面。在计划经济体制下，生产什么、生产多少，完全依靠行政手段进行调控，通过统购统销、户籍制度等社会管理制度构筑起严密的社会调控网络。在当时，人口的集聚和迁徙并不是“用脚投票”的结果，而是以生产为目标的政策调控的结果。在1949年党的七届二中全会上，毛泽东强调：“从我们接管城市的第一天起，我们的眼睛就要盯着这个城市生产事业的恢复和发展……只有将城市的生产发展起来，将消费的城市变成生产的城市，人民政权才能巩固起来。城市中其他的工作都是围绕生产建设这一个中心工作服务的。”[①]因此，在这一阶段，中国城市建设的方针是：紧紧围绕工业生产，推进城市建设。

在这一方针的指导下，1952年召开的第一次全国城市建设工作会议，确定了城市建设规划的重点是工业建设，工业建设的规划、地点和速度决定城市建设的计划、地点和速度，城市建设必须采取与工业建设相适应的方针。在1958年第一次全国城市规划工作座谈会上，国家领导人总结了新中国成立以来的规划经验，并且提出：我国城市建设要做到大、中、小城市结合，以发展中小城市为主，有计划地建设卫星城市，加强区域规划。从

① 毛泽东．在中国共产党第七届中央委员会第二次全体会议上的报告[M]．人民出版社，1960：7-8.

1965年开始的“三线”建设，强调“大分散、小集中”“不建集中的城市，多搞小城镇”，其重点区域是在中国的西南、西北等地区。新中国成立初期，我国70%的工业集中在东南沿海一带，而在西南、西北等地区，工业基础十分薄弱。为巩固新生政权，改变不合理的工业布局，我国在集中力量建设东北工业基地的同时，对内地建设也比较重视。[①] 1966—1970年，中央共投入560亿元资金用于成昆、滇黔、川黔铁路建设，以及攀枝花、酒泉钢铁厂和重庆工业基地的建设。

在这种情况下，新中国出现了一批生产型城市，城市的工业中心、生产中心的定位越来越突出，而消费服务中心和文化中心的功能开始萎缩，就连北京这样的政治文化中心也确立了“为生产服务”的方针，以便实现“由消费城市向生产城市转变”的目标。[②] 因此，在当时，内地的城市化水平得到了较大程度的提升，一些原有的内地大城市都发展成为大都市。[③] 内地的城市化水平由1955年的12.8%提升到1978年的18.4%，内地形成了一定规模的城市化空间布局。[④]

这样的城市化战略也具有一定的负面作用，最直接的体现就

① 孙东升. 我国经济建设战略布局的大转变——三线建设决策形成述略[J]. 党的文献，1995(3)：42-48.

② 杨升祥. 当代中国城市化的历程与特征[J]. 史学月刊，2000(6)：129-134.

③ 同上。

④ 马洪. 中国经济结构研究[M]. 北京：人民出版社，1981：122-173.

是：经济结构严重失调，导致农村和农业发展严重滞后。因为重工业具有资本密集型特征，所以城市的工业化发展并未带来城市消费和服务功能的发展。城市规模的扩大对农村具有一定的依附性，城市并未发挥对农村的带动作用。同时，优先发展内地城市，而人为地抑制沿海城市的发展，也影响到了沿海城市的发展。

二、分权改革下的分散式发展

中国的改革开放始于农村，虽然“离土不离乡”的乡村工业化并没有完全实现，但它开启了中国探索城镇化道路的历史之门。这一轮改革对乡村工业化的探索保留了计划经济时代城市化发展战略的痕迹。

（一）城市偏向性政策

在计划经济时代，为了实现城市发展生产的目标，尤其为了发展重工业，国家实行了偏向城市的政策。这种偏向性是借助城市等级体系来完成的，城市的行政级别越高，能够得到的资源就越多。因此，城市增长的内生性动力不足，有学者将其称为“自我融资能力不强”。在这种情况下，“限制大城市发展，以发展小城镇的形式来实现乡村工业化”，就是改革开放初期的一个重要发展路径。在这里，所谓的城市偏向性政策，是一种因财政分配能力不足而实施的城市保护政策，以发展小城镇来消化农村转移出去的人口，以小城镇的发展来稀释大城市的人口承接压力。

在这一时期，小城镇的发展成为国家发展的重点。1980年，国家建设委员会提出了“控制大城市规模，合理发展中等城市，积极发展小城市”的城市发展方针。1987年，国务院在《关于加强城市建设工作的通知》中提出，“有计划地建设一批条件较好的中等城市”。1998年党的十五届三中全会和2000年《关于促进小城镇健康发展的若干意见》，都表达了鼓励发展小城镇的意图。1984—1986年，全国的建制镇增加了7750个；1992—1994年，中国建制镇增加了4247个。[①]

（二）城市管理体制的层级限制

小城镇的发展确实带动了中国乡村的工业化，在一定程度上加快了中国的城镇化进程，但其局限性也非常明显。在城市等级体系中，提升一个级别意味着能够获得更大的自主权和各种政策的支持。当小城镇的实际经济体量已经超出了其行政级别时，行政级别又会限制其发展。例如，温州市、苏州市、珠三角地区的经济强镇，已经具备了上升行政级别的条件。

小城镇的作用也是非常有限的。首先，本地工业化实现了

① 朱守银. 中国农村城镇化进程中的改革问题研究[J]. 经济研究参考，2001（6）：36-48.

劳动人口的部分转移，但并没对产业结构的优化调整起到关键作用。其次，小城镇的集聚力非常有限，其生产效率和资源利用效率的提升都非常有限。于是我们看到，在20世纪90年代以后，乡镇企业的发展处于停滞状态，对就业的吸纳能力越来越弱。①

在农村改革取得了良好的效果之后，城市改革也顺势推进。城市改革始于沿海城市的发展，对外开放的“梯度战略”与创办沿海经济特区决策的逐步实施，并在东南、华南等地区引发了城市化快速发展的浪潮。深圳、珠海等地区快速崛起并成为大都市，从而提升了广东在中国城市分布格局中的重要地位。② 在开辟四个经济特区后，中央又做出决定，将沿海14个城市作为开放城市，并全面开放海南。从1992年开始，上海浦东新区的开发和中国全方位的对外开放政策，进一步释放了城市发展的潜力。与城市开放和发展策略相应的是，国家逐步放开了人口流动政策。1980年，中央第75号文件承认了人口流动的合法性，解开了禁止人口流动的枷锁。从此，流动人口开始大量出现，为促进城镇化发展提供了强大的动力。

除了流动人口，城市化建设的主要参与者还有地方政府。改革开放之后实行的分权化改革，逐渐形成了“政治晋升锦标赛”与“行政发包制”相结合的管理体制，充分调动了地方政府的积

① 蔡昉，都阳，杨开忠．新中国城镇化发展70年[M]．北京：人民出版社，2019：43．

② 杨升祥．当代中国城市化的历程与特征[J]．史学月刊，2000（6）：129–134．

极性。这样的分权式改革并不是改革开放后突然出现的新制度，实际上，它在计划经济时代就已经出现了。在计划经济时代，中央和地方的关系经历了三次权力的收放循环。在改革开放前夕，中央企业在经济体系中的数量占比已经很少，激发地方发展经济的产权资源不足。因此，这一时期进行的分权式改革的重点是分配经济决策权、自主管理权以及制度创新权。这种政策给城市带来了活力，城市规划采取了“招商引资驱动型”模式。

与计划经济时代相比，改革开放时期的城市更具有“经营性”特征。在放开人口流动后，我国基本处于劳动力无限供给的状态，城市经济建设的核心就在于不断积累物质基础，地方政府把更多的精力用在了吸引和留住投资者上面。因此，在这一时期，中国的城市化发展出现了一种特殊情况：一方面，城市化进程快速推进；另一方面，劳动力和土地的价格特别低。这当中，地方政府实行的城市治理政策起到了至关重要的作用。因此，有学者将这一时期的城市规划称为“指导和调控城市建设的工具”，地方政府按照自己的意愿、意志和利益自主调控资源，进行资源配置。[①]然而，这样的城市化不免会产生一些负面效应。首先，地方政府注重推动地方经济增长的外部条件和内部制度建设，在行政体制改革和社会建设方面投入的力量相对较少。因此，在城市化过程中，地方政府能够集中力量建设对标国际一流标准的大型工程，

① 蔡昉，都阳，杨开忠．新中国城镇化发展70年[M].北京：人民出版社，2019：182.

却不能彻底解决食品卫生等问题。[①] 其次，土地城市化的速度快于人口城市化的速度。土地资源是地方政府贯彻其城市调控的基础。特别是在竞争性环境下，土地资源是吸纳投资的重要筹码。需要说明的是，行政体制的激励性举措在政治体系内部只有等级差异，而无空间差异；资源的稀缺程度以及资源的利用效率却存在空间上的差异。比如，在东南沿海等经济发达、市场机制运行良好的地区，资源的利用效率会更高；相反，在中西部地区，由于经济体量有限，规模经济的发展就会受到很大的限制。

人口、土地等生产要素的空间分布体现出一定的"逆市场性"。1992年，旧城镇人口的年增长率要高于城市新区，但在此后的大部分发展阶段，城市新区人口的增长率都要高于旧城镇。2000—2010年，中国656个城市的平均土地扩展速度为6.89%，明显快于人口城市化的速度。[②]截至2013年2月，全国在建的各类新区达105个，超过1000平方公里的新区有19个，500—1000平方公里的新区有10个，100—500平方公里的新区约有40个，绝大多数新区的人口规模属于几十万的级别，部分新区人口不足十万人，甚至低于一万人。[③]主要原因在于：与人口相比，土地是一种更容易通过行政力量进行配置的生产要素。与此同时，城

---

① 周黎安."官场，市场"与中国增长故事[J].社会，2018，38(2)：1-45.

② 王洋、王少剑、秦静.中国城市土地城市化水平与进程的空间评价.地理研究，2015(12).

③ 方创琳，马海涛.新型城镇化背景下中国的新区建设与土地集约利用[J].中国土地科学，2013，27(7)：4-9，2.

镇人口的增长率偏低，这也是因为在城市化进程中，人口受到城市户籍制度的限制。大城市的户籍制度依然保持着压缩的政策导向。

我们可以从以下两个方面来总结中国城市化的结构性问题。首先，城市土地面积的扩张超过了人口规模的扩张。其次，城市人口规模的增长受到户籍制度的限制。这种结构性的扭曲体现在城市发展的“平均效应”上。一方面，无论城市大小，均采取土地扩张的发展策略。如果说大城市的扩张是经济发展的结果，那么中国众多的中小城市则将土地面积的扩张作为城市发展的重要手段。另一方面，人口规模的增长受到户籍制度限制，从而降低了城市人口集聚的规模和速度。这种看似有利于中国人口资源平均分布的城市发展策略，实际上造成了城市发展中的另一种失衡。这种失衡主要体现为经济体量和人口规模的失衡。因此，很多非经济因素束缚着人口的自由流动。

如图2–1所示，表中搜集了2016年全国部分省和直辖市的人口规模和经济增长数据。我们将各省级行政区按照GDP数据进行降序排列，代表人口比重的折线则表现出较大的波动性。这表明，经济规模与人口规模存在失衡，也进一步印证了非经济因素对人口的控制效用。

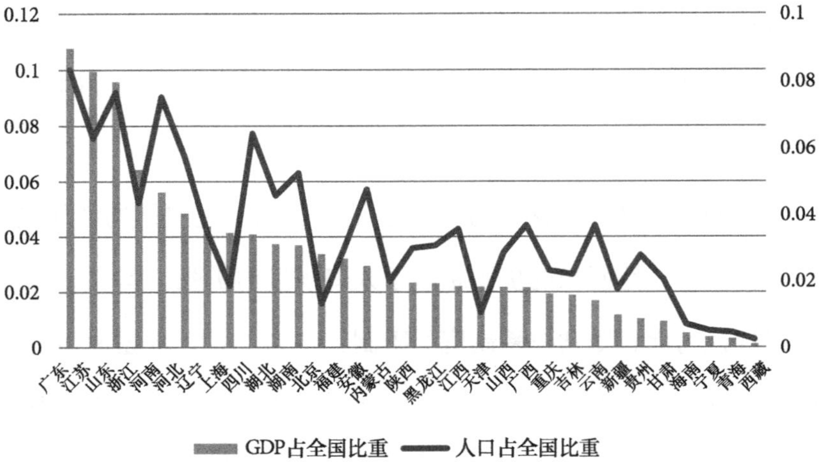

图2-1　2016年中国部分省级行政区的人口规模和经济增长情况

资料来源：国家统计局。

图2-2展示了美国各州经济总量和人口的分布状况。如图2-2所示，在经济体量和人口规模方面，虽然美国各大州之间的差异比较悬殊，但各个州的GDP占全美GDP比重以及人口占全美人口比重保持着惊人的一致性。也就是说，各州的人均

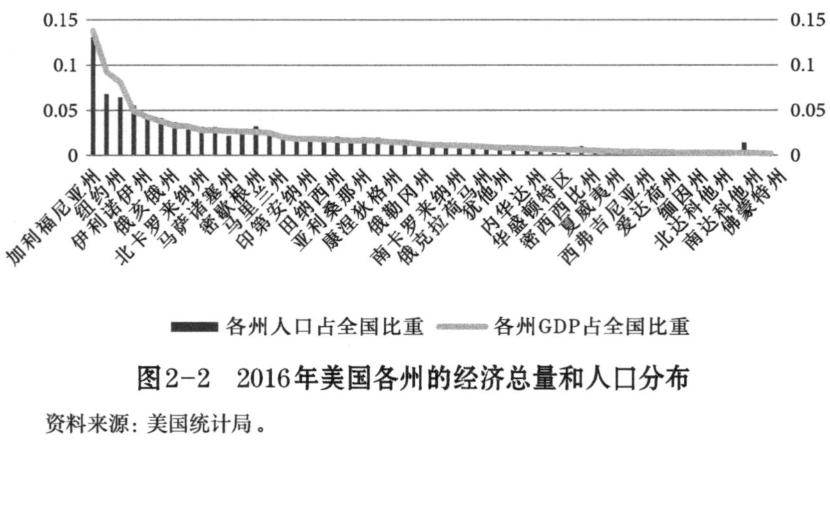

图2-2　2016年美国各州的经济总量和人口分布

资料来源：美国统计局。

GDP实际上是大致相当的。韩国的情况也要好于中国（如图2-3所示）。

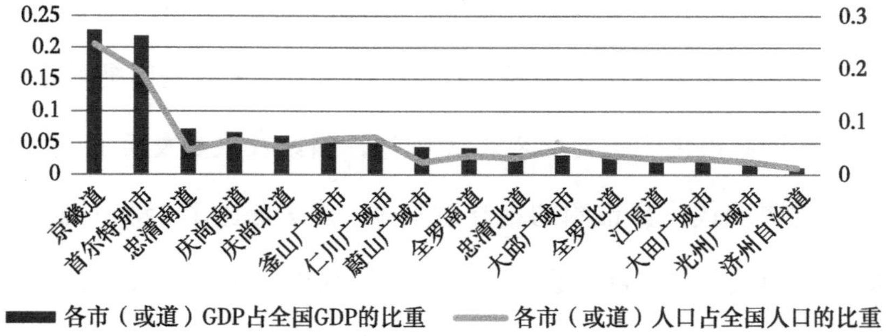

图2-3　2016年韩国各市（或道）的级经济总量和人口分布

资料来源：KOSIS，2016年数据。

想要实现这样的发展布局，最为重要的条件便是：允许生产资料自由分配，允许公民拥有“用脚投票”的权利。目前，这种结构扭曲的城市化进程也决定了中国的城市发展需要经历一个“再平衡”过程。

三、高水平的集群式发展

当代城市是人类社会中最具经济活力的地方，是社会劳动生产力高度集聚、人类社会高度社会化和协同化的具体体现。[①] 产

① 姚士谋，陈振光，吴松，王波．我国城市群区战略规划的关键问题[J]．经济地理，2008（04）：529-534．

业集群式发展和区域分工协作发展成为城市化深入发展的必然要求，城市群也因此成为城市化的主要形态。

从政策层面来看，“九五”规划就提出了建设各具特色的跨省（市）的经济区和重点产业带的积极政策。“十五”规划首次提出实施城镇化的重大战略。“十一五”规划首次提出把城市群作为推进城镇化的主要形态。2019年，国家发改委发布了《关于培育发展现代化都市圈的指导意见》，首次提出了“都市圈”的概念，即城市群内部以超大、特大城市为中心来辐射和带动功能性强的大城市、以“一小时通勤圈”为基本范围的城镇化空间形态。其核心在于：拥有一个中心性城市，同时配有与其有密切联系的中小城市，中心城市吸引着大量的资源，并以城市之间的相互联系与分工协作来带动周边地区经济的协同发展。

20世纪60年代，法国地理学家简·戈特曼（Jean Gottman）在考察美国的城市时提出了“大都市圈”这一概念。这个概念体现了现代城市与传统城市之间不同的空间分布状况。城市经济高度发达，生产要素高度集中，城市之间的联系突破了行政和地理的限制。这种城市组合的现代化发展形态具有传统城市并不具备的优势。比如：它可以弱化行政区划的界限，在更大范围内进行资源整合；可以通过产业分工来避免城市之间的重复性建设；可以依靠横向或垂直分分工体系来优化区域内产业布局，增强整体效益。城市群的发展也可以充分发挥中心城市的辐射和带动作用。

经历了改革开放40多年的发展之后，中国的城市群已经具备了一定的规模。比较成熟的城市群有长三角城市群、珠三角城市群和京津冀城市群，基本建成的城市群包括中原城市群、武汉城市群、长株潭城市群、山东半岛城市群、成渝城市群等。上述几个城市群的面积超过128万平方公里，约占全国城市面积的13.3%；人口约有6.2亿，约占全国人口的46.6%；GDP总额为31万亿元，约占全国GDP的66%。

根据《2019年中国都市圈发展报告》，中国共有26个都市圈，形成了城市群层级体系。目前，都市圈可分为成熟型、赶超型、成长型和培育型等类型。其中，长三角和粤港澳都市圈属于成熟型都市圈，无论是中心城市的经济实力、交通便利性，还是周边小城市的经济水平，都比其他都市圈更强。京津冀都市圈和成渝都市圈在区域发展均衡性方面有所欠缺，但总体实力大大超过全国平均水平，成为赶超型都市圈。山东半岛都市圈和中原都市圈在总体水平上落后于成熟型都市圈和赶超型都市圈，并且存在明显的短板，因此属于成长型都市圈。中西部地区的10个都市圈受到地理位置、交通便利性等因素的限制，整体水平相对滞后，成为培育型都市圈。

在这四类都市圈中，最具代表性的是长三角都市圈、珠三角都市圈和京津冀都市圈。这三大都市圈土地面积仅占全国的3.62%。2013年，三大都市圈的GDP总量占全国GDP的36.49%，人口数量占全国的18.32%，城镇化率为71.93%，在全国经济版图中具有重要影响。这三大都市圈具有显著的地理区位优势和政策优势，拥有便捷的对外交往条件，国际化水平处于全国“第一梯队”中。然而，这三个都市圈在发展驱动力、产业结构等方面存在明显的差别，分别代表了中国三种不同类型的都市圈发展模式。

（一）外资驱动型的珠三角都市圈

在建立粤港澳大湾区后，珠三角都市圈与香港、澳门形成了粤港澳大湾区，成为中国开放程度最高、经济活力最强的地区之一，也成为集世界工厂、科创高地、国际金融中心于一体的全球第四大湾区。得益于特殊的地理位置，珠三角地区承接了大量由港、澳、台等地区转移过来的劳动密集型产业，吸引了众多投资，与香港、澳门在城市功能上形成互补，努力发展外向型经济。由于珠三角都市圈是改革开放的先发地，其“加工+出口”模式在早期实现了快速发展，其经济增长速度要高于长三角都市圈和京津冀都市圈。[①]

然而，这种发展模式缺乏核心竞争力，经济增长缺乏持久性。“刘易斯拐点”的到来也使珠三角地区的低成本优势逐渐丧

① 吴晓隽. 中国三大都市圈经济发展方式的比较研究[D]. 上海：上海交通大学博士后学位论文，2008.

失，珠三角地区开始谋求转型发展，力图增加科研投入，向产业链上游转移。粤港澳大湾区的建立使珠三角地区的城镇化格局发生了重大变化，改变了以往“多核、分散、弱联系”的局面，形成“多核、集聚、强联系”的城市群格局。粤港澳大湾区由世界工厂转型升级成为科技高地和国际金融中心。

（二）民营经济驱动型的长三角都市圈

在新中国成立初期，上海就是中国人口最多、城镇化水平最高的城市。在计划经济时代，在“以发展生产为导向，优先发展内地城市”的方针指导下，苏、浙、沪地区的城镇化潜力没有发挥出来。20世纪80年代以后，随着我国工业化战略的调整，长三角地区的乡镇企业快速崛起，乡村的工业化进程加快，并且形成了“苏南模式”。在计划经济时代，温州是一个“被遗忘的”地方，曾被视为没有任何发展前途的地方。但实际上，中国私营经济的探索在温州率先开始，并表现出了持久的活力。19世纪80年代，温州的私营经济逐渐发展，并且形成了“温州模式”。[①]无论是“苏南模式”还是“温州模式”，都有别于“加工一出口”的“珠三角模式”，具有内向性的资本积累特征。[②]这就导致长三角地区在产业结构上与珠三角地区存在明显的差别。虽然在新

① 蔡欣怡，后街金融——中国的私营企业主[M]. 杭州：浙江出版联合集团、浙江人民出版社，2013：13.

② 耿明斋. 中日城镇化比较研究[M]. 北京：社会科学文献出版社，2017：172.

中国成立之后的30年时间里，长三角地区在中国经济版图中的位置逐渐降低，整个长三角地区的地缘经济也失去了整合功能，但其深厚的经济基础，充满活力的民营经济，为当地的经济提供了充足的发展动力。特别是在20世纪90年代以后浦东新区的开发，带动了上海乃至整个长三角地区的经济。

（三）政治干预驱动型的京津冀都市圈

京津冀都市圈以北京为中心，与天津以及河北的主要城市，共同形成了以汽车、电子、机械、钢铁为主的高新技术产业和重工业基地。北京是京津冀都市圈的核心城市，也是中国的首都，政策资源优势是其他城市不可比拟的。然而，这种独特的优势也会给北京城市的发展带来弊端。北京要肩负首都的政治建设，因此，在京津冀都市圈中形成了垂直的城市等级体系。与珠三角地区和长三角地区相比，京津冀都市圈内的城市协同分工比较薄弱，城市之间的产业结构趋同，各城市的主体意识过强……这些因素阻碍了各地区的协同发展。在2006年之前，京津冀都市圈的多项经济数据落后于长三角地区和珠三角地区。此后，随着京津冀一体化战略的实施，京津冀地区在慢慢缩小差距。

纵观中国的城市化进程，城市的空间分布出现了两种不同的类型。在计划经济时代，城市化的空间布局以发展生产为导向，优先发展内地城市，力图弥补沿海与内地之间的差距。改革开放以后，城市化的空间布局更多地遵循经济规律，在给予地方政府充分的经济发展自主权后，地方经济的发展内嵌于整个市场体系，地方政府的干预之手也要受到外部市场的约束。因此，城市布局体现为由市场规律导致的发展结果分布，主要表现是经济体量与城市体量之间的均衡性。

在新中国成立之后的几十年时间里，在经历计划经济时代的曲折发展和改革开放初期的探索发展之后，决策者逐步找到了推动城市化发展的中国特色道路。空间维度的城市化则是道路探索的结果展现，构成了中国城市化进程的复杂局面，形成了受政府和市场两种手段共同支配的城市化演进路径。

第三章

双重维度下的“两化合一”：中国城市治理的宽泛谱系

城市化进程具有历史性和空间性，历史维度中的城市化进程存在进度上的差异，而空间维度中的城市化存在地域上的差异，两种维度相互交织，形成了中国复杂的城市化格局。中国既存在城市化程度很高并开始追求国际化发展的城市，也存在处于初级阶段的发展型城市，形成了一个类型多样、范围宽广的城市治理谱系。

在城市内部，这种历史和空间的差异性是客观存在的，从而给城市治理带来了巨大的挑战。党的十九大对中国社会的主要矛盾进行了全新而准确的界定，指出了中国发展不平衡、不充分的问题。如何应对城市内部发展的不平衡、不充分问题就成为摆在城市治理者面前的一大难题。我们可以将历史和空间双重维度下的城市治理难题界定为城市内部的“农村城市化”和“城市国际化”。因此，我们会发现，城市治理过程中存在空间差异和阶段性差异，以及阶层差异和权益差异，我们将这种现象称为“两化合一”。城市作为人类社会协同发展的产物，本身代表着一定的开放性。与分散、孤立的乡村相比，城市的治理难度更大。城市的集聚功能以及优质空间使其更容易获得各种资源。基于此，集聚与拥挤、积累与不均衡构成了城市发展的双重张力。也就是说，城市在强化规模效应的同时，加深了自身发展的不均衡性。① 而且，在城乡关系逆转的情况下，城市问题处理不好，就会引发重大的农村问题。

我们可以从这个城市治理谱系中找到城市治理的两种模式。一种是设计主义模式，即通过“强治理”逻辑来落实城市规划，在限定范围内推进城市化建设，充分体现国家意志。通过治理结构的设计和治理能力的提升，可以推动社会财富的积累，维护社会秩序，实现社会资源的再分配。另一种是实验主义模式，即中央政府给地方政府放权，在现有制度框架内进行政策和制度的创新。这两种城市治理的模式是中国城市化进程中的两种理想模式，现实中存在的模式主要是这两种模式的混合类型。对这两种类型进行探讨，方便我们对复杂的城市治理问题进行更细致的分析。

① 何艳玲，周寒．全球体系下的城市治理风险：基于城市性的再反思[J]．治理研究，2020，36（4）：5–19.

第一节
对宽泛谱系的解构：实验主义与设计主义

从1978年至今，中国实现了经济增长和社会稳定两大任务。从政治学角度看，以改革为主题的发展经验可以归结为两项制度——地方实验制度和地方竞争制度。地方探索和中央激励相互作用，于是有了以政策实验为主要方法论的实验性改革，构成了中国改革开放的政策基础。有些学者认为，这一极具适应性的改革模式源于中国共产党在革命战争中形成的“游击式”的作战风格，但其真正转化为一套成熟的政策工具，则是从“改革实验田”——深圳那里总结得到的。

实验主义的政策创新既是一种政策工具，也是中国在改革开放过程中使用的重要改革工具。中国改革有一定的特殊性，主要表现是：规范政府层级关系的改革和政府对社会治理的改革同步推进。前者的一项重要工作是调整中央与地方之间的关系（以下简称“央地关系”），后者的一项重要工作是调整国家与社会的关系。① 学界对发展模式的界定主要从央地关系的角度切入，其核心内容是中央与地方之间的权力配置问题。

① 李文钊. 党和国家机构改革的新逻辑——从实验主义治理到设计主义治理[J]. 教学与研究，2019（2）：59–71.

一、目标与手段分离：实验性改革路径下的地方发展

“摸着石头过河”是中国改革开放的生动写照。改革开放之初，决策者并未确定具体的改革路线图，认为改革是一项“伟大的实验”，鼓励地方政府“看准了的就大胆地试，要大胆地闯”。随着实践经验的积累与学术研究的推进，对此项议题的研究主要从央地关系的视角展开。

（一）“实验性改革”概念的界定

改革开放以后，中国成为一个不受任何教条支配的社会科学的“实验场”。改革开放之初，在没有改革路线图的情况下，地方的探索为中央的顶层设计提供了决策信息，其“实验性”特征比较明显。随着改革进程的推进，中央对改革的方向、路线、任务等方面的认知更加明确，中央的控制权重逐步加大，其设计性特征日益凸显。① 对于这一改革现象，学界使用了诸如“政策实验”“政策试点”“政策测试”“改革实验”“先行先试”“局部政策实验”等概念。我们提出了“实验性改革”这一概念，即以总结局部性经验、形成全国性政策创新方案为目的，在时间和空间两个维度上给予某一政府特定的支持，希望在经济发展方面产生先行示范效应。

① 李文钊．中国改革的制度分析：以2013—2017年全面深化改革为例[J]．中国行政管理，2018（6）：18-25．

（二）实验性改革的模式分类

中国的实验性改革是研究中国改革开放的成功经验。钱颖一提出了“中国特色的财政联邦制理论”，并指出：地方政府在中央财政激励下进行的多样化探索，带动了中国经济的发展。诺顿认为，自中国改革开放以来，中国的制度创新并不是外生性的，而是在制度框架内通过不断的“试错”来完成的政策创新。

中国的实验性改革主要包括试点、实验区和自发探索三种类型。实验性改革的主要包括以下几种模式。

第一，分级实验模式。这是中国在政治制度不变的情况下保持政策灵活性的一种模式，其核心在于：由点到面，因地制宜，制定、实施和推广政策。在此过程中，中央对推广、普及地方经验起到了至关重要的作用。

第二，“学习—适应”模式。[①] 采用这类模式的专家认为，中国政治体制的适应能力来源于强大的学习能力，而学习能力的提升源于地方性实验。通过控制关键政策或制度参数的实验，有利于提高政策的可行性和普适性。

第三，中央的选择性控制模式。在批判上述两种模式的基础上，有学者更加强调中央在实验性改革中的关键作用。一方面，地方的探索需要得到中央的默许或支持，不能脱离中央的指导精

① 王绍光．学习机制与适应能力：中国农村合作医疗体制变迁的启示[J]．中国社会科学，2008（6）：111-133，207．

神；另一方面，为了维护上层权威，中央在政策实验过程、经验总结与推广等方面保持着随时控制的可能性。①

第四，“双轨制实验”模式。②这是一种政策创新模式，决策者首先赋予某些地区“实验权”，在实验区和非实验区形成“双轨制”结构，两个地区展开绩效竞争，中央总结经验，进行自上而下的推广。

第五，“竞争—干预”模式。③学者们根据同级政府的竞争和中央垂直干预的情况，将中国公共政策分为四种模式：弱干预、弱竞争的启发模式，强竞争、弱干预的争先模式，强干预、弱竞争的指定模式，以及强干预、强竞争的识别模式。

第六，“实验—认可”模式。④按照政策实验中政策工具的设计者与中央对政策实验的认可度，可以将公共政策创新模式分为以下四种，即验收模式、忽略模式、淡化模式和吸纳模式。

第七，“推动—竞争”模式。有学者认为，在实验性改革项目的启动过程中，中央推动力度的强弱和地方竞争的激烈程度都

① 刘培伟. 基于中央选择性控制的实验——中国改革“实践”机制的一种新解释[J]. 开放时代，2010（4）：59-81.

② 杨宏山. 双轨制政策实验：政策创新的中国经验[J]. 中国行政管理，2013（6）：12-15，103.

③ 朱旭峰，赵慧. 政府间关系视角下的社会政策扩散——以城市低保制度为例（1993—1999）[J]. 中国社会科学，2016（8）：95-116，206.

④ 石晋昕，杨宏山. 政策创新的“实验—认可”分析框架——基于央地关系视角的多案例研究[J]. 中国行政管理，2019（5）：84-89.

会对项目的启动产生影响，进而形成争取、指定、追认、自发这四种类型的运转机制。[①]

此外，还有学者关注实验性改革的政策过程，并将这个过程笼统地归纳为“地方试点→全面铺开→国家政策”，细分为设计实验方案、选择实验对象、执行实验方案、评估实验结果这四个步骤。[②] 更为详细的过程分析是：地方实验→国家决策者筛选→起草试点方案→地方试点→由点到面→制定和颁布政策法规→政策解释和执行→讨论政策执行效果。

（三）实验性改革的类型学分析

从上述模式的分析中我们可以看出，实验性改革最核心的问题是中央与地方之间的互动，上述七种模式为我们展现了实验性改革的运作机制。一方面，实验性改革是中国特殊体制下的产物，中央允许地方推行渐进式的改革；另一方面，行政权和管辖权的争夺会导致地方竞争，纵向激励加强了地方的竞争，从而推动了地方实验的广泛开展。

已有的研究为我们展示了中央和地方的互动机制，同时证明了在特定时空维度上开展实验性改革的可能性与合理性。然而，已有的研究存在以下几个问题。第一，中央与地方的角色定位是

① 周望. 如何“先试先行”？——央地互动视角下的政策试点启动机制[J]. 北京行政学院学报，2013（5）：20-24.

② 黄秀兰. 论改革开放进程中的政策实验[J]. 探索，2000（3）：66-69.

什么，其具体策略又有哪些？第二，中央和地方这两个层面的实验性改革产生了怎样的结果？第三，实验性改革在什么条件下才会成功？从历时性角度对中国的实验性改革进行研究，是探究中国改革逻辑的重要视角，也是将中国改革研究与地方政府行为研究相结合的理论途径。我们将从中央赋权与地方探索的类型学分析入手，搭建起解释框架（如图3-1所示）。

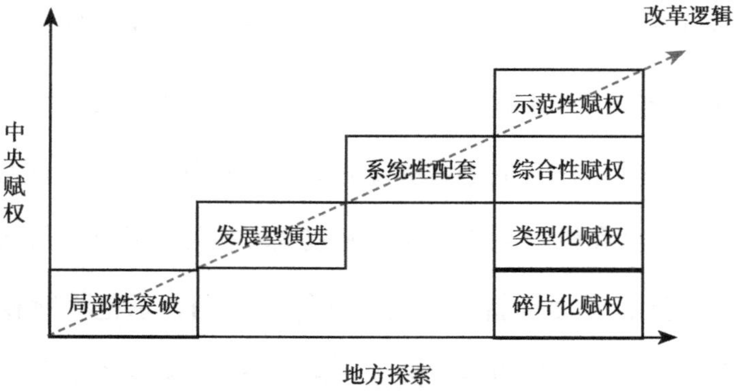

图3-1　中央赋权与地方探索的类型学分析框架

中央赋权可以通过政策工具进行分析，工具使用的背后隐含了中央赋权的内在逻辑。政策工具可以分为以下两类。第一类是政策性实验及其试点，侧重于单一政策的维度，即在一定的时间段和范围内进行的一种局部性的政策探索。第二类是实验区的改革，包括综合性实验区、专门性实验区、特区、新区、开发开放区、示范区、合作区等，侧重于单一区域维度，即为探索或实施某一项新政策或新制度而选定的地域性区划单位。

我们可以将中央赋权分为以下四种类型。第一，碎片化赋权。它是指在改革路线、改革目标、改革手段等还未明确的情况下，中央赋予特定区域进行未知探索的政策空间。第二，类型化赋权。它是指依据特定区域的比较优势，中央对该区域进行角色化功能定位，给予其特定的政策支持。这种赋权区域包括经济技术开发区、沿海经济开放区、农村改革实验区、经济发展实验区、高新技术产业开发区、边境经济合作区、保税区等。第三，综合性赋权。它是指中央依据系统化改革思维，对特定区域的综合发展进行设计，并赋予其系统性的政策先行权，使其负责多个实验任务。这不仅有促进经济发展的政策和制度尝试，而且有相关政府的制度和机制创新。这种赋权区域包括自贸区、综合配套改革实验区、全面创新改革实验区等。第四，示范性赋权。它是指在改革成效显著的特定区域，在多个层级和多个领域，中央全面赋予其先行权，使其直接承接国家意志，探索社会主义强国建设路径。例如，中央在深圳设立了中国特色社会主义先行示范区。

与中央赋权类型相应的是，地方政府的改革策略也存在类型上的变化。在改革开放初期，“以经济建设为中心”的大战略转换成地方政府的行为，经历了思想观念的转变和政府的总动员过程。在这一阶段，一批经济特区的建立正是地方政府进行局部性探索的结果。同时，在建立计划单列市的地区，实行“下管一级、备案一级”和党政分离等改革措施，从而扩大了地方政府的自主权。随着分税制改革的推行，“政治晋升锦标赛”与“行政发包制”相结合，充分释放了地方政府的发展潜力，地方政府开始具有“发展型”特征，在实验性改革中体现为“发展型演进”，即根据各自的优势，设立各种改革实验项目，以便争取上级政府的支持，积累政策资本。进入21世纪，以经济增长为首要目标的“发展型”模式遇到了瓶颈，出现了政治与社会改革落后于经济改革的结构性问题。因此，综合性改革被提上议事日程。从2005年开始，中国设立了13个综合配套实验区，以系统性、规范性为特征的综合性改革走上历史舞台。2019年，中央在深圳设立了中国特色社会主义先行示范区，首次将地方性改革提升到国家示范的层面。可以说，这是中央全面赋权和地方探索相结合的典范，标志着中国实验性改革从探索性、实验性向设计性、规范化方向升级。

二、顶层设计与驱动：设计主义路径下的规划治理

设计主义理论源于学界对公共行政学的探讨。设计主义支持者认为，社会关系、政策和制度是由人类自身决定的。[①] 著名的

① Anne L, Schneider, Helen Ingram. Policy Design for Democracy [M]. University of Kansas Press, 1997.

公共管理学大师西蒙认为，设计是创设人、工、物的过程，需要考虑环境和设计的可能性。① 这实际上强调了理性、科学决策的重要性。设计主义的支持者会将治理过程看成是一个科学性的治理流程，可以通过理性决策来规避风险，并通过合理的流程来实现目标。将这种理念运用到社会治理方面，则意味着在处理国家与社会的关系方面，可以通过国家权力来确定各类主体的权力边界，以强制力来规避不合理的行为。当然，这种模式发挥到极致也可能会导致詹姆斯·斯科特所说的“极端的现代化意识形态”，反而会出现诸多“意外后果”。正式的制度一经发布和实践，就会对人们的生活起塑造作用。然而，正式制度的逻辑与日常生活的逻辑越不匹配，两者之间的关系就越复杂。② 中国在改革开放以后取得了一系列的成就，主要原因在于正式制度在实践层面具有一定的消解能力。也就是说，正式制度的代理人具有汲取非正式制度及其实践策略的能力，甚至将其制度化，从而消解制度与生活之间的紧张关系。

从2003年开始，中国政府强调，国家要对经济、社会、科技和环境的发展进行长远规划。这是因为中国政府意识到，要对城乡之间、区域之间、经济与社会之间、人与自然之间以及国内

① Herbert A. Simon. The Sciences of the Artificial, Third Edition [M]. MIT Press, 1996.

② 肖瑛. 从“国家与社会”到“制度与生活”：中国社会变迁研究的视角转换[J]. 中国社会科学，2014(9)：88–104.

发展与对外开放之间的不平衡发展应给予重视，解决之道不在于市场的自然发展，而需要“政府之手”进行协调。因此，计划在中国从未消失，只不过变成了更加科学的规划。这种创新表现为规划在内涵上的几点变化。

第一，既要保持国家的主导性，也要让旧的计划经济体制让位于市场机制。为此，规划不再执着于具体的量化指标，而要发挥国家对市场和社会的宏观调控作用，并对结构性问题进行处理。

第二，加强了中央对地方的控制。在“十一五”规划之前，规划中出现的只有预期性目标。这种预期性的目标具有很强的指导性，限定了地方政府的发展方向。当然，这是一种正向限定，在“行政发包制”下，中央并没有对地方的具体做法进行限定，完成目标就可以在“政治晋升锦标赛”中获得优势。因此，我们也可以将其看成是一种激励机制，而规划中出现的预期性指标是“竞赛”的标准。在这种情况下，地方政府的行为具有一定的试错空间。然而，“十一五”规划中出现的约束性目标，则明确了中央对地方的各种限制，特别是在环保、土地利用等领域。通过自上而下的行政强制力，中央试图纠正地方的偏差行为。

第三，加强了对社会民生的关注。改革开放以来，中国的城市规划经历了重心的转换：先加大基础设施建设方面的投入，然后增加技术、环境、人力资源和空间发展等方面在规划中的比重，最后让社会民生成为规划的中心议题。①

第四，注重多种调控手段的灵活性。规划不仅是中央为地方设定了“可以做什么”和“不可以做什么”的事项清单，还必须考虑到政策的适用范围、执行主体、变化幅度等多种问题，灵活组合的方式能够最大限度地体现规划的有效性。一方面，中央继续保持在关键领域的严格控制；另一方面，通过指导性、契约性和约束性目标相结合的方式，中央规范地方行为，并给予地方适当的激励。

政府规划主要体现在规划主题、规划体系和城市规划这三个方面，下面一一介绍。

（一）规划主题

在编制“十一五”规划时，中国政府将“计划”改为“规划”，体现在规划内容上就是规划重心的转移，从计划经济时代的发展生产转变为经济增长，随后又转变为社会民生。

首先是发展生产。“国民经济和社会发展计划是城市规划的依据。”② 城市规划完全从属于国家生产建设计划，在土地利用、空间布局等方面保证城市建设有序推进。因此，有学者将其称为

① 韩博天，红天鹅：中国独特的治理和制度创新[M]. 北京：中信出版集团，2018：120.

② 吴良镛，武廷海. 从战略规划到行动计划——中国城市规划体制初论[J]. 城市规划，2003（12）：13-17.

“生产建设计划驱动型的城市规划”。①

其次是经济增长。在全球化背景下，城镇化成为发展生产的重要手段，城市规划被赋予筹资、参与市场营销以及售后服务等新功能。②城市规划也就成为城市进行自我管理、贯彻发展理念的政策工具。城市规划围绕着争夺稀缺资源、实现资本积累、推动经济增长等主题进行。

最后是社会民生。在“招商引资驱动型城市规划”中，围绕争夺稀缺资源进行的城市规划将其工具性价值发挥到了极致，但其偏向性也非常严重，即“重经济建设，轻社会建设；重生产，轻生活；重城市，轻农村”，导致“经济与社会的关系、工农关系、城乡关系、人与自然的关系以及生产、生活、生态等空间结构严重失衡”。③党的十八届三中全会通过的《中共中央关于全面深化改革若干重大问题的决定》中提出，“坚持走中国特色新型城镇化道路，推进以人为核心的城镇化”。2015年的中央城市工作会议提出，要优化城市环境，提高人民的生活质量。随后又有多份文件进一步将城市规划的方向引向了社会民生。

① 蔡昉，都阳，杨开忠．新中国城镇化发展70年[M]．北京：人民出版社，2019：179．

② 张庭伟．城市化作为生产手段及引起城市规划功能转变[J]．城市规划，2002(4)：69-74．

③ 蔡昉，都阳，杨开忠．新中国城镇化发展70年[M]．北京：人民出版社，2019：184．

（二）规划体系

中国的行政规划形成了“三级三类”体系，即“国家—省（直辖市）—一般市（县）”的三级规划以及总体规划、区域规划和专项规划。多层级、多领域的规划可以看成是官僚体制在横向部门之间以及纵向层级之间交织形成的权力网络，地方政府根据本地情况来确定中央与地方之间、部门与部门之间的发展目标，排列出政策的先后顺序，并将目标落实到当地的城市建设之中。下面，我们对总体规划、区域规划和专项规划进行介绍。

总体规划是指国家根据宏观调控和总量平衡的原则，设定一个时期内的发展目标。总体规划具有全局性、战略性等特点，不再聚焦具体的量化指标，而是针对能够引发社会经济转型的结构性和实质性问题进行规划。从层级的角度看，总体规划会在行政体系内部层层传递或“转译”。一方面，在压力型体制下，发展目标有可能会在向下传递的过程中不断加码，越往下越有可能面临更大的压力；另一方面，总体规划中的战略性和全局性的内容还可以细分出具体的行动计划和重点领域的专项规划。

区域规划是国家进行全局性规划和总量平衡的重要工具。政府可以通过区域规划来实现辖区内的空间协调，实现跨区域的资源整合和协同发展。近些年，频繁出台的跨省区规划、城市群规划是区域规划的重点应用领域，在西部大开发、中部经济崛起、振兴东北工业基地、京津冀一体化发展等领域发挥了重要作用。区域规划为府际合作提供了制度框架和行动方案，涉及中央与地方、地方政府之间的协同与合作。在地方政府拥有经济自主权和管理决策权的情况下，地方政府之间存在竞争关系，缺乏合作动力。在这种情况下，需要发挥中央的统筹能力，通过治理关系的确立使中央与地方达成约定，并通过政策支持，为地方创新提供制度空间；需要通过中央规划文件为地方创新提供政策依据，有效促进地方政府之间的协同与合作。

专项规划是从总体规划中抽离出来的重点领域的行动计划，也是对涉及纵向层级与横向部门的复杂事项进行整合治理的重要方式。随着层级的下移，专项规划会越来越具体，越来越具备可操作性，这实际上是对总体规划目标的分解。同时，设置专项规划也具有设定行动偏好、聚焦政府决策注意力等方面的作用。上级政府设定的专项规划议题，也会成为下级政府政策议程中的优先选项。此外，专项规划也代表着一种在特定时间范围内的政府行动机制。某一特定领域的事项有可能涉及多个部门，需要多个部门协作完成。在没有完善的协作机制的情况下，行政壁垒的存在很可能会降低协作治理效果。而专项规划则在特定的时间内为地方政府设定了重点行动领域，通过上级部门的统筹协调来突破行政壁垒的限制，共同推动职能部门之间的合作。

（三）城市规划

城市规划是一种特殊的规划类型，因为它具有集成性特征。城市规划需要统筹城乡关系、经济增长和社会民生等，具有总体规划、区域规划和专项规划相结合的结构性功能。城市规划往往属于国家总体规划和区域规划的重要组成部分。城市规划的主要表现形式是多规合一和多元互动。

第一，多规合一。它是指规划的类型与层级相互叠加。在部门关系上，土地利用规划、主体功能区规划等空间规划在规划管理机构、编制、审批、实施、监督、法规政策和技术标准等方面相互融合，成为统一的国土空间规划；在空间上，实现国土空间全覆盖，多种规划相互衔接；在上下级方面，由上级规划指导下级规划，下级落实上级规划。①

城市治理具有复杂性，在有限空间内的资源集聚，导致政府、市场和社会之间的矛盾大大增加，需要政府由管理者转变成协调者，甚至是协作者。由于城市在经济和社会发展中的作用日益突出，中心性城市的存在甚至突破了行政层级的限制，成为跨区域和层级的核心治理单元。因此，在城市治理过程中又会出现多层级的权力。从这个角度看，城市治理会出现碎片化，城市政府在治理当中需要应对来自多个层级、多方主体的诉求，需要不

① 蔡昉，都阳，杨开忠. 新中国城镇化发展70年[M]. 北京：人民出版社，2019：204.

断协调，因而会产生诸多职能部门。多层级、多类型的规划在一个城市里相互叠加，背后则是官僚机构的权力关系。多规合一为协调不同层级、不同部门设定了一个明确的制度载体，围绕不同的主体和治理事项，以协商统筹和信息互通为基础，在落实规划之前预先设定了能够达成共识的行动方向和计划，从而避免了各自为政的局面。这是一种针对城市治理的复杂性而产生的治理策略。

第二，多元互动。城市治理的复杂性要求城市政府由管理者转变为协调者，并进一步演化为协作者。国家是社会中的国家，提升社会治理的有效性需要加强国家与社会的联系。虽然国家与社会是边界比较清晰的行为主体，但两者并不是行动一致、偏好一致的统一体，其内部也存在差异，这就对加强国家与社会的联系提出了挑战。从这个角度来讲，通过主体的多元互动，不仅能发现普遍性问题，还能提升规划的有效性。主体的多元互动可以从两个方面来细化：一方面，规划要与政绩考核密切关联，把官员的职业生涯与规划执行挂钩，形成对官员行为的有效激励；另一方面，把来自社会和市场主体的诉求整合到规划当中，从而提升规划的有效性，并进一步提高社会和市场主体的参与度。

第二节
中国城市的现代化治理

中国的城市建设取得了令人瞩目的成就，快速的城市化带来了中国城市的大发展，这其中既有新城市的出现，也有经历了市场化、进而迈向国际化的大都市。其共同的特点是：这些城市都包含了国家的设想，即以国家认为的样子来建设城市。国家既有强烈的规划和控制动机，也有在总体治理目标下的城市分工计划。特别是在党的十八届三中全会以后，国家治理能力与城市治理之间密切相关。回顾国家治理目标与城市治理，有利于我们了解两者之间的关系。

从历史发展进程来看，新中国在成立之初是一个工业基础薄弱、经济发展落后的国家。“在落后国家，社会主义实践一旦展开，就直接面临着自身与现代化之间的关系：是以现代化为基础进行社会主义建设，还是在社会主义原则下实现现代化？因为落后国家要实现社会主义，就必须将现代化的发展与社会主义的实践放在一起。而在理论上，社会主义是建立在比较发达的资本主义基础上的，即建立在现代化发展比较成熟的基础上。”[①] 因此，在计划经济时代，国家治理的目标是快速发展重工业，城市成为

① 林尚立．社会主义与国家建设——基于中国的立场和实践[J]．社会科学战线，2009（6）：1-10.

重工业生产场所。城市担负着农业向工业转型的重要责任，垄断了集体消费品的供应，并禁止农村人口向城市转移，从而建立起城市中的单位制。在指令性计划广泛应用于生产领域的情况下，生产单位并不是以提高生产效率为目标，而是依靠大量的投入来完成生产目标。生产单位和经济管理部门以计划手段来调节各种要素的价格，导致城市出现了严重的供需矛盾。在这种情况下，优先供应城市的物资无法得到足够的保障。反过来，这样发展下去，更加强化了城市与农村之间资源的单向度流动。然而，从治理的角度看，“现代城市资源的集聚不是城市对所有资源的过度占有和无序扩张，而是一种有利于城市人群居住、生产、交通等资源的合理配置；现代城市的分化，不是各个城市组织之间空间结构的改变，不是城市社会群体的分裂和对抗，更不是政府与社会的对立。因此，分化不是分裂，而是一种维持和发展”。①

改革开放以后，城市充分发挥了其集聚性和消费性。分权式改革给予了地方政府更广泛的权力；人口流动带来了大量的外出务工人员；允许私营经济发展，为市场增添了活力；允许政府通过多种手段进行融资；土地的使用也更加灵活……所有这些都释放了城市的集聚功能。

在这个过程中，城市的经营属性开始展现。城市变成了一台

① 林尚立．重构中国城市治理体系：现代城市发展与城市治理对话——复旦大学林尚立教授访谈[J]. 南京社会科学，2013(6)：1–7.

“增长机器”。地方政府在政绩竞争的驱动下往往以较为低廉的土地价格和优惠的税收政策来吸引资本流入，因此，城市出现了土地规划和调整的局面。城市的经营性也使城市的消费属性日益显现，这种消费属性主要源于两方面的变化：一是土地的资本化运作，二是大量流动人口的涌入。土地的资本化运作充分展现出“城市土地的使用价值要高于交换价值”的内在逻辑。

在城市出让了大量土地之后，城市土地开发开始转向城市内部，从而有了大规模的城市更新，引发了城市内部的空间变化和人口分布的变化，出现了基于容积率交换、级差地租交换和建设用地指标交换等方面的城市更新模式。

在此过程中，城市政府扮演着一个矛盾角色。一方面，提供公共物品是政府的责任。近些年来的实证研究表明，公共物品的供给绩效甚至超过了经济增长的绩效，成为政府政治信任的首要来源。[①]另一方面，公共物品的大量提供也使城市政府更加看重土地开发带来的可支配收入，从而加剧了土地的资本化运作，导致经济发展不平衡，最终阻碍了社会福利的均等化发展。这种矛盾给城市规划提出了挑战。

首先，城市需要规划。城市需要通过更加合理、科学的规划来营造城市的有机生态，以此来应对各种城市治理难题。其

① 孟天广，杨明. 转型期中国县级政府的客观治理绩效与政治信任——从“经济增长合法性”到“公共产品合法性”[J]. 经济社会体制比较，2012(4)：122-135.

次，规划也有一定的局限性。改革开放以后，大量外来务工人员从农村转移到城市，一些规模超大、社会结构复杂、形态混乱的城市社区逐渐诞生。城市空间规划陷入矛盾状态：一方面，在城市边界固定不变的情况下，城市规划越来越排外；另一方面，城市的蔓延突破了固有的城市边界和空间结构。在这种压力下，城市规划的速度无法跟上城市人口、工业、住房的增长速度，基础设施短缺、城市风险郊区化、社区矛盾和邻里矛盾突出等问题不断出现。

这种规划隐含的深层次问题是城市政府在治理过程中体现的实验主义和设计主义之间的矛盾。实验主义在地区层面开展的实验降低了组织犯错的风险，不同地区之间的竞争也为政策工具的选择、政策的执行等注入了更多的市场因素。改革开放以后，中国的制度创新并不是外生性的，而是在制度框架内通过不断的“试错”来实现的。在这个过程中，诺顿将中国的地方政府比喻成具有创新和冒险精神的“企业家”，中国的国家规模和政府结构也为“企业家们”提供了试错的广阔空间。在户籍制度改革过程中，这类例子比比皆是。例如，2001年郑州推行了降低入户门槛、吸引人才的户籍制度改革，但公共物品的供应在短时间内难以满足人口的快速增长。2004年，郑州户籍制度改革被迫叫停。现在，中央大力推广的积分入户制度在各大城市推广，而这项制度创新源于2009年中山市的实验性创新。

地方政府拥有一定的自主权，并能利用信息优势进行分散化和多样性的地区实验。中央政府在获得反馈信息后，对其中的成功经验进行推广。在这样的运作模式中，地方政府之间会形成横向竞争。因此，我们会看到，地方政府在户籍制度改革中呈现出不同的类型，有的城市是在进行探索性改革，有的城市则是在进行模仿性改革。

同时，实验主义政策还可以应用于国家、市场和社会的多元互动之中，为市场和社会主体在特定领域开放实验空间，在特定的政策支持下完成政府职能转型，促进市场和社会主体的自主性发展。特别是在党的十八大之后，公共物品供给模式的改革有两个重要方向：第一，推进政府购买服务；第二，提高政府与社会资本的服务能力。以社会的力量来满足各种公共服务需求，可以解决政府有限的供给能力与无限的社会需求之间的矛盾。

然而，这样的尝试也面临一些不确定性。一方面，中国政府的“全能式”管理导致社会主体在自我组织能力方面存在不足；另一方面，政府对市场主体的逐利动机存在疑虑。因此，当前进行的国家与社会、政府与市场合作的项目大多数处于实验阶段，并未全面铺开。

中国的城市有自己的特殊性。它们不完全是全球城市的一部分，也不完全是经济增长、人口流动的结果。它们展现出了国家与城市化的高度统一，成为国家城市。中国的城市不具有完全的自主性，而是属于国家发展战略的一部分。国家治理目标要大于城市治理目标，为了实现国家治理目标，城市首先成为政府管理的基本单元。[①]

因此，在城市化过程中，中国的城市治理面临双重困境。一方面，自改革开放以来，城市化的高度发展具有不均衡性特征，体现为城市在空间布局上出现了区域差异。中国既存在高度城市化的国际大都市，也存在城市化处于起步阶段的初级城市，还存在因产业衰败和人口外流而出现的收缩型城市。城市化的不均衡性也体现为城市内部公共服务的不均衡性以及本地人与外地人之间的二元差别。城乡结合部、城市郊区与城市核心地带的发展差距越来越大。另一方面，对于城市治理问题，如果中央政府一直对地方政府放权，地方政府对市场和社会主体放权，则有可能面临市场失灵的局面，从而强化城市发展的不均衡性。如果对城市进行“强规划”治理，则又有可能使城市政府无法应对复杂的治理难题。

这种矛盾本质上是城市化过程中多元利益主体与复杂的社会转型在有限空间内的叠加和嬗变。当城市从生产场所变成了人们的生活和消费场所，当城市从政治体系中的治理单元变成了区域化和全球化中的联系节点，城市的复杂性也在不断强化，而对传统管理体制改革的滞后性则不能适应这样的局面。因此，转变

① 何艳玲，赵俊源．国家城市：转型城市风险的制度性起源[J]．开放时代，2020（4）：178-200.

政府治理理念，转变政府职能，由管理者转变为治理者，由单一的供给者转变为参与合作的协作者，是应对城市治理问题的应有之义。

"治理意味着需要一系列的社会公共机构和执行者；治理意味着在为社会和经济问题寻求解决方案的过程中存在一定的模糊性；治理意味着涉及集体行为的组织必须依靠其他组织；治理意味着参与者最终要形成一个自主的网络。"①治理具有以下四个特征：治理不是一整套规则，也不是一种活动，而是一个过程；治理过程的基础不是控制，而是协调；治理涉及公共部门，也包括私人部门；治理不是一种正式制度，而是一个持续性的互动过程。②

在现代城市中，对公共事务的最佳管理和控制不再是集中的，而是多元的和分散的，这就涉及中央、地方、非政府组织、个人等主体的协调。这种由各级政府、机构、社会组织、个人等共同管理城市事务的诸多方式的总和，就是城市治理。③城市治理是政府与市民社会、公共部门与私营机构的互动过程。④

---

① 俞可平．权利政治与公益政治 [M]. 北京：社会科学文献出版社，2000：110–113.

② 俞可平．治理与善治 [M]. 北京：社会科学文献出版社，2000：4–5.

③ 顾朝林．发展中国家城市管治研究及其对我国的启发 [J]. 城市规划，2001（9）：13–20.

④ 袁政．城市治理理论及其在中国的实践 [J]. 学术研究，2007（7）：63–68，160.

第四章

宽泛谱系的端点：两种路径的极化个案

在中国城市化率达到60%的时候，中国的城市化已经进入了“农村城市化”与“城市国际化”相结合的“两化合一”阶段，而历史和空间维度相互叠加所形成的复杂局面，也对中观层面的城市治理提出了挑战。因此，国家既不能完全按照“强指令”的设计主义来建设城市，也不能完全按照实验主义改革路径来管理城市。城市既是政治体系的治理单元，也是经济发展和人们生活的场域，其复杂性在现代化过程中大大增强。政府、市场和社会相互叠加的复杂情况也让城市治理的风险越来越大。那么，平衡使用设计主义和实验主义的治理策略则成为中国城市治理的主要类型。各个城市在本质上并无区别，只是资源配置的程度不同。设计主义与实验主义代表了两种最为理想的治理类型。在现实中，我们可以找到这两种理想类型的极端个案——北京和深圳。对这两个迥然不同的城市进行研究，方便我们了解这两个城市是什么样子。

北京和深圳都属于中国的一线城市，在经济体量和人口规模方面都处于同一级别，但两者在城市治理逻辑上却存在着明显的差异。北京是大城市稳定发展的代表，而深圳是新兴城市快速发展的典型，它们在城市化驱动机制方面存在很大的差异。事实上，它们的城市化都是政策和经济共同作用的产物。但由于北京经历了从计划经济向市场经济的转型过程，而深圳一开始便是以市场经济为主的特区，两个城市的政策和经济相互作用的方式有所不同，因此形成了这两个城市的特殊个性。①

下面，我们以人口为例进行说明。从"十三五"规划来看，在户籍政策上，北京和深圳具有明显的差异化特征。一方面，北京的户籍制度始终以严格限制为特征。《"十三五"时期京津冀国民经济和社会发展规划》中明确提到，到2020年，北京的人口规模要控制在2300万以内。北京市政府通过与各区签订人口调控目标责任书的形式分配了各区疏解人口的指标。另一方面，深圳的户籍制度则有明显的开放性特征。2016年，深圳市政府发布了《深圳市人民政府关于进一步加强和完善人口服务管理的若干意见》及两个配套文件，要求通过增加入户途径、降低入户门槛

① 徐小黎，史培军，何春阳. 北京和深圳城市化比较研究[J]. 地球科学进展，2002（2）：221-228，305.

等方式，逐步扩大户籍人口规模。[①]

北京和深圳经历了完全不同的人口增长过程。从图4-1可以看出，深圳的常住总人口经历了快速增长时期，户籍人口与非户籍人口经历了快速的变化，之后在1988年重合；此后，户籍人口和非户籍人口呈现出了与之前完全相反的发展趋势，户籍人口持续上升，非户籍人口持续下降，两条曲线表现出相交的发展趋势。从图4-2可以看出，北京的人口基数较大，户籍人口数量始终大于非户籍人口数量，户籍人口整体呈现出下降的趋势，而非户籍人口数量则持续增长。两条曲线表现出相交的趋势。

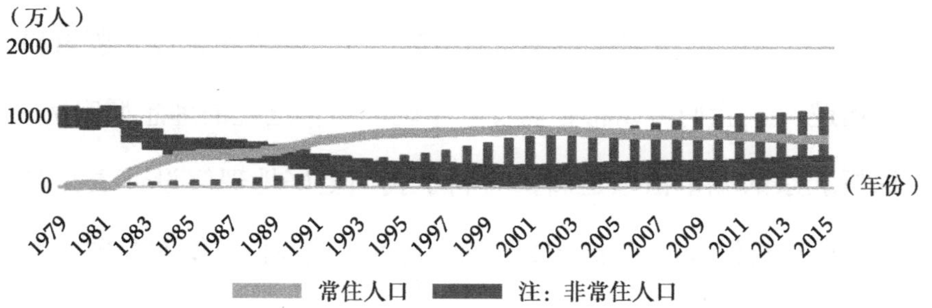

图4-1　1979—2015年深圳人口增长情况

资料来源：《2016年中国城市统计年鉴》。

① 深圳的相关文件中明确提到，“要扩大户籍人口规模，确保各类人才无障碍入户，增加居住社保迁户渠道，将长期工作和居住的存量非户籍人口有序地转为户籍人口”。

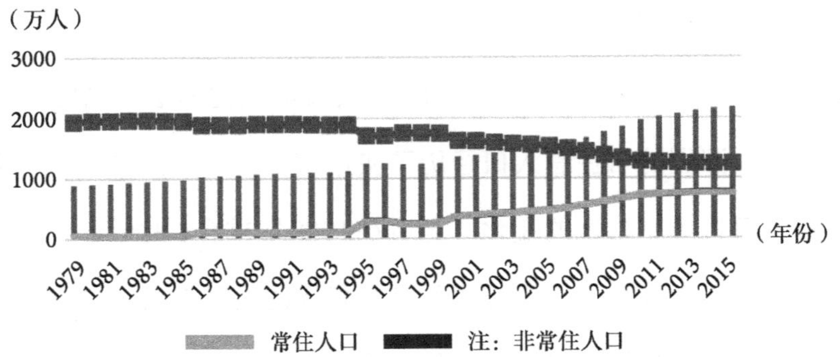

图4-2　1979—2015年北京人口增长情况

资料来源:《2016年中国城市统计年鉴》。

诚然，北京与深圳都属于中国大城市的特殊个案，其城市发展历程与现实职能决定了它们迥然不同的人口增长轨迹。正因为如此，北京和深圳分别在户籍政策上充分体现了其政治逻辑和市场逻辑。我们可以将它们视为中国城市化进程的理想型案例。探析北京的城市治理逻辑，有利于我们更好地理解设计主义路径，而分析深圳的城市治理逻辑，则可以让我们了解实验主义路径下的城市治理过程。

第一节
“都”“城”融合：设计主义路径下的北京城市建设

北京在中国的城市体系中是一个比较特殊的城市，曾是辽、金、元、明、清的都城。北京城市的设计体现出与其他城市明显的差别，等级、对称和统一的设计理念使北京像一个按照权力逻辑建设而成的艺术品。实际上，在这个充满权力意味的城市空间里，一系列的制度设计、城市规划和社会治理承载了更多的国家意志。因此，北京必然要集聚越来越多的资源，提升其政治功能。北京这座城市的发展史实际上是“都”与“城”的发展史。图4-3介绍了北京城市演进三个阶段。

“一维时代”	“二维时代”	“三维时代”
1983年7月，《北京城市建设总体规划方案》颁布，核心指向是发挥好首都的外交功能。北京的使馆区开始发展、扩建。	北京作为全国中心城市迅速融入国际分工体系。目标是把北京建设成为“具有第一流水平的现代化国际城市”，建立“世界一流水平的现代化国际大都市”。	北京在“都”与“城”两方面的功能相互强化，进一步丰富了新时代国际交往中心的内涵。体现了首都的外交职能、城市的发展职能和国际交往中心职能。
特征：体现外交功能，且以政府间的外交为主。	特征：展现出城市自身发展需要的国际化特征。	特征：“都”与“城”空间分异、功能分离，体现全方位多领域的协同效应。

图4-3　北京城市的演进

与其他城市相比，北京采用的是高度集中的城市规划管理体制。北京市城市规划委员会（简称“北京市规委”）是北京市的城市规划的行政主管部门，由原来的首都城市规划委员会、北京市城市规划管理局合并而成，其主要职能是对北京城市的规划、审批和实施进行监督与管理。城市总体规划、分区规划、重要地段的控制性规划等由北京市规委负责编制；道路、交通、市政设施规划的编制和审批也由北京市规委负责；规划区内的较小面积的详细规划则由各区规划分局负责编制，但各区规划局无规划审批权，需要报北京市规委审批；各区规划局负责檐口在4米以下或面积在300平方米以下的建筑的审批；建设项目由北京市规委审批，北京市规委审批完成后，将《建设工程规划许可证附件》及建设工程总平面图转至所在区的规划局，之后由该局进行建设项目的监督和检查工作。①

维护首都安全和服务国家是北京市制定城市治理政策的核心要点，这给北京的城市治理带来了诸多倾向性的政策资源。例如，大批高校每年会为北京提供众多高质量的人才，诸多科研机构能够为北京的发展提供丰富的智识资源，大型企业的总部能够为北京提供大量的产业资源。作为中国对外交往的门户，北京也吸引了诸多国际资源。然而，北京的发展具有比其他城市更为严格的

① 田莉．论我国城市规划管理的权限转变——对城市规划管理体制现状与改革的思索[J]. 城市规划，2001（12）：30–35.

政治限定措施。从中央和地方的关系角度上说，北京直接承接了更多的国家意志，因此，它也是自主权最薄弱的城市。在人口和社会管理体制上，北京也是以严格著称。下面我们从历史发展角度来回顾一下北京的城市化进程。

一、以“都”促“城”的“一维”时代

从新中国成立到现在，北京的城市规划总共有9个版本，分别是在20世纪50年代、70年代、80年代、90年代以及21世纪初制订的。其中，在20世纪50年代，北京市的城市规划就有4个版本。之所以在新中国成立初期密集制订城市规划，是因为当时北京的城市建设面临着从封建都城到社会主义首都转变的重大历史任务，中央政府和北京市政府都对北京的城市规划格外重视。从20世纪50年代开始，北京城市规划中确立的一些目标影响至深，我们依然能在现在的规划中看到当初的影子，比如控制城市发展规模、消除城乡差异等。

在计划经济时代，北京的城市规划主要服务于当时的全国城市化建设战略，即优先发展工业，认为“社会主义城市的建设，必然属于社会主义工业建设的一部分；社会主义城市的发展速度必然要由工业的发展速度来决定”。[①] 当时，北京的城市规划可

① “城乡规划”教材选编小组．城乡规划[M]．北京：中国工业出版社，1961．

以归纳为以下四个方面：第一，控制城市发展规模；第二，城市规划是国家经济计划的一部分；第三，以发展生产为主要任务；第四，以天安门为中心，通过广场与周围建筑的组合，体现出社会主义的优越性。[①] 这一阶段的北京城市建设有两个重点任务：一是围绕首都功能进行要素配置；二是围绕工业化进行工业建设。

在这个阶段，北京经历了较为快速的城市化，主要体现在人口增长和土地规划两个方面。新中国成立以后，为了满足首都建设的需要，北京迁入了大量的人口，户籍人口从1949年的203.1万增长到1959年的684.1万，共增长了481万人。[②] 同时，北京市政府在建立和巩固社会秩序、积极恢复和发展生产的同时，在市政建设上加大了投入，尤其加强了在垃圾处理、自来水供应、市民防疫、物品管理等方面的工作，推动了北京的城市化建设。[③] 与此同时，北京扩大了城市辖区的范围。在1948年底，北京市的市辖区面积只有707平方公里，随后经历了5次辖区范围的扩展。到1958年，北京的行政区域面积扩大到1.6万平方公

① 李东泉，韩光辉. 1949年以来北京城市规划与城市发展的关系探析——以1949—2004年间的北京城市总体规划为例[J]. 北京社会科学，2013(5)：144-151.

② 马小红，尹德挺. 当代北京人口(上)[M]. 北京：中国人民大学出版社，2014：21.

③ 张友渔. 解放一年来北京市的市政建设——张友渔副市长广播演讲词[N]. 人民日报. 1950.1.31；马小红，尹德挺. 当代北京人口(上)[M]. 北京：中国人民大学出版社，2014：23.

里，同时扩大了户籍人口规模。在此期间，增加的部分人口主要为了满足首都建设的需要。为了安置闲散人员就业并支援外省市的建设，北京也展开了人口的迁出工作。在20世纪60年代，北京迁出的人口数量要高于迁入的人口数量。

在“先生产，后生活”的规划之下，北京成为一个工业城市，城市化建设较为不平衡，基础设施相对落后，居民生活水平的提升比较缓慢。在改革开放以前，北京的工业比例高达71.4%。1999年，北京的第三产业超过了第二产业，并持续保持上升趋势。[①] 在“一五”期间，北京的城市建设得到较快发展，新建工厂50多家，学校从15所增至31所。此外，北京新建了一些中央部级机关大楼，同时完善了城市公共服务设施。[②]

20世纪50年代的北京城市规划与建设，主要采纳了苏联专家的建议，借鉴了莫斯科的城市规划经验。例如，当时北京出现了一大批苏联风格的建筑，重塑了北京的城市空间。总体上看，北京的城市规划、建筑设计、城市供暖、地下轨道交通与道路规划设计以及高校的规划建设等，都受到苏联的影响。[③]

1981年，北京市政府成立了城市规划委员会。1983年，《北

① 徐小黎，史培军，何春阳. 北京和深圳城市化比较研究[J]. 地球科学进展，2002（2）：221–228，305.

② 李扬. 20世纪50年代北京城市规划中的苏联因素[J]. 当代中国史研究，2018，25（3）：97–105，127–128.

③ 李扬. “苏联式”建筑与“新北京”的城市形塑——以20世纪50年代的苏联展览馆为例[J]. 首都师范大学学报（社会科学版），2017（2）：136–143.

京城市建设总体规划方案》正式推出。这次规划确定北京为全国的政治中心和文化中心，并特别强调，首都工业的发展要符合首都的特点，要求严格控制城市人口规模，加强环境建设和历史文化保护。

除了发展生产，发挥外交功能也是北京城市建设的重要内容。到20世纪80年代，北京的外交服务进入新时期。中央在对《北京城市建设总体规划方案》的批复中指出，北京要为党中央、国务院领导全国工作和开展国际交往打好基础，为全市人民的工作和生活创造良好的条件。从当时的形势上看，在国内的城市经济体制改革尚未拉开序幕，国际关系仍处于“冷战”时期，中国的外交活动并不活跃。然而，从1979年中美建交后，北京的使馆区建设加大了力度，国外的外交官员开始在北京活动，这一时期城市的国际化建设也是围绕这个政治任务来进行的。因此，有学者将其称为“北京城市国际化的‘一维’时代”。①

二、以“城”兴“都”的“二维”时代

在20世纪80年代初期，北京是以高度集权的经济决策、行政命令式的资源配置和政企不分的企业经营模式为导向的传统计划经济体制。在这种经济体制下，城市的经济功能并不能得到

① 周鑫宇. 国际交往中心建设的新内涵[J]. 前线，2018（9）：74-75.

充分体现。政府首先通过城市规划来确定城市化发展速度、人口规模、产业结构以及城市土地开发模式，再通过强有力的户籍制度、土地征用等政策，严格落实城市规划，限制城市的自由发展，所以当时的城市化进程相对比较缓慢。

20世纪90年代，北京逐渐进入由计划经济向市场经济的转型期，户籍制度、土地政策等相对比较宽松，企业和个人成为相对独立的利益主体。城市化发展的动力机制逐步向市场方向转变，逐步显示出市场经济的特征。此时，城市化发展速度“稳中有升”。但在市场经济条件下，北京的城市化依然受到决策的刚性影响，从而引发了一系列问题。例如，在20世纪80年代初期设计的城市环状布局难以满足经济发展的需要，这是城市“摊大饼”的主要原因。①

20世纪90年代以后，北京也开始了城市土地的开发和城市更新，城市的基础设施建设水平得到了大幅度提升。1992年，北京开始实施土地租赁制度，这项制度为地方政府与开发商进行合作提供了制度基础。② 北京因此也成为一台“增长机器”。北京市的老城区拆除和新建速度进一步加快，其结果主要表现在以下两个方面：一是北京的古城风貌在一定程度上遭到了破坏，二是

① 徐小黎，史培军，何春阳．北京和深圳城市化比较研究[J]．地球科学进展，2002（2）：221–228，305．

② 张玥．城市碎片：北京、芝加哥、巴黎城市保护中的政治 [M]．北京：北京大学出版社，2019：68．

城市内部的危房改造改变了城市内部的人口分布。在20世纪80年代，北京就已形成“中心区人口减少，近郊人口快速增长，远郊区人口低速增长”的区域分布格局。到20世纪90年代，这种格局更加明显。①

1993年，中央在《北京城市总体规划（1991—2010年）》的批复中明确提出：“要进一步完善和优化城镇体系布局，实行城乡统一规划管理……城市建设的重点要从市区向远郊区转移，市区建设要从外延拓展向调整改造转移。要尽快建立市区与远郊城镇的快速交通系统，加快远郊城镇建设，积极开发山区，实现人口与产业的合理分布，推动城乡经济和社会协调发展。”到2010年，北京的人口和工业发展向市区集聚的历史进程基本结束，郊区迅速发展起来。②也有学者认为，在1970年之后，如果从户籍人口数据上看，北京的人口依然呈增长之势。③

从1985年开始，北京的国际化发展成为北京城市规划的重要内容。例如，《北京城市总体规划（1991—2010年）》中提出，要将北京建设成为“具有一流水平的现代化国际城市”，将北京界定为“中国的首都，全国的政治中心和文化中心，世界

① 冯健，周一星．近20年来北京都市区人口增长与分布[J]. 地理学报，2003（6）：903-916.

② 陈光庭．北京城市化发展趋势及郊区应采取的对策[J]. 城市问题，1996（6）：36-41.

③ 黄荣清．是“郊区化”还是“城市化”？——关于北京城市发展阶段的讨论[J]. 人口研究，2008（1）：34-42.

著名的古都和现代国际城市”。2005年版的《北京城市总体规划（2004—2020年）》将北京确定为“全国的政治中心和文化中心，世界著名古都和现代国际城市”。

在“二维”时代，城市经济体制改革的不断深入，给城市带来了巨大的活力，城市的各项功能也不断健全。特别是面对2008年举办北京奥运会的历史机遇，北京的城市建设在“都”的基础上强化了“城”的建设，城市规划更合理，城市发展更科学。

三、“都”“城”融合发展的“三维”时代

2014年，习近平总书记在视察北京时首次提出了“四个中心”的城市功能定位。他指出，北京要建设成为全国的政治中心、文化中心、国际交往中心和科技创新中心。《北京城市总体规划（2004—2020年）》正式确认了“四个中心”功能定位，并开始了以疏解非首都核心功能为主要任务的新一轮城市建设。这一轮城市建设并非只侧重于“城”或“都”的维度，而是以“四个中心”为目标，将“都”与“城”融合发展，以更加清楚的功能定位将北京放置于区域城市网络和世界城市网络之中，以国际化标准来建设北京。为此，北京市政府在新一轮的建设中不仅对京津冀一体化协同发展进行了规划，还进行了全市范围内的功能调

整和人口疏解，优化城市内部的产业布局，同时引进新科技，进行更为精细的社会治理，在基层进行了“街乡吹哨，部门报到”的行政体制改革。可以说，这是一场全方位的城市治理改革。

在全球化程度日益深化、全球治理的协同性要求加强的背景下，以中心城市为重要节点的世界城市网络将发挥越来越重要的作用。提升城市建设的国际化水平不仅是国家赋予中心城市的发展使命，也是宏观环境为其提供的发展机遇。北京是国际化资源的集聚地、国际化职能的承载区以及国际化水平的展示窗口，因此，北京市的发展有着非常重要的战略意义。

北京市需要对标国际一流城市。国际一流城市是指城市具有一流的政治、经济和科技实力，与全球大多数国家形成经济、政治、科技和文化等方面的交流关系，成为具有全球影响力的世界都市。因此，国际一流城市是国际经济、政治、文化、社会活动的中心。

国际一流城市的特征主要包括以下几个方面。第一，城市功能的辐射效应具有国际关联性。它是全球经济体系的连接点，在经济、政治、金融、商贸、科技、文化等方面的发展超出了国界，具有明显的国际影响力。第二，资源配置具有国际关联性。它在资本、商品、信息、人才等资源的输出和输入方面具有很强的国际关联性。它是全球性资源配置的枢纽。第三，国际综合实力排名靠前，文化和科技实力排名也相对靠前。第四，城市基础设施达到国际水平。它不仅拥有完善的城市基础设施和市政服务设施，而且与区域内城市的互联互通发展良好。第五，第三产业的发展具有国际关联性。它是许多国际政府组织、国际非政府组织、跨国公司、著名高校、著名文化机构的所在地。第六，交流合作具有国际关联性。在这个区域内，涉外经济、商务和民事管理法规符合国际通行惯例。

北京城市治理的国际化具有特殊意义，其功能定位也指明了国际化的发展方向，即按照国际一流的城市治理理念、治理要素、治理标准等开展城市治理工作，兼容多领域、多主体、多内容的治理需求，在资源要素配置、公共服务供给、国际交流与合作、综合实力排名等方面对标世界一流城市，通过吸引和集聚国际资源为区域发展服务，从而把北京市的城市治理水平和国际竞争力提升到国际一流水平。具体而言，就是在综合考虑北京总体规划与比较优势的基础上，通过明确国际标准、优化国际资源、鼓励国际参与、引领国际议题、拓展国际视野等，强化首都开展国际交往需要承载的管理职能，提升其城市治理能力，更好地满足人民群众追求美好生活的需要。

第二节
先试先行：实验主义路径下的深圳城市建设

与北京不同，深圳是在边陲小镇的基础上充分利用改革实验田的政策定位迅速发展起来的大城市。深圳的城市建设驱动力、城市治理模式、城市化路径等均与北京有着非常明显的区别。如果说北京的城市发展遵循的是一种具有国家强烈意志的设计主义路径，那么深圳则走了一条没有严格限定方向和发展方式的实验主义道路。

深圳的前身是宝安县，宝安县于1979年改为深圳市。1980年，深圳市建立了深圳经济特区。深圳自建市开始就是社会主义市场经济的实验田，其城市化进程和经济发展速度远远高于全国平均水平。深圳的人口数量从改革开放之初的33.29万增加到2018年的1300万，并且增长的主力是外来人口。“来了就是深圳人”的城市口号是这座移民城市的真实写照。

深圳市的经济体量由建市之初的2.7亿元增长到2018年的2.4万亿元，创造了“深圳速度”。得益于优越的地理位置和广阔的政策空间，深圳在城市化进程中走的是一条以出口为导向的工业发展路线。到20世纪90年代，深圳已经成为第二产业和第三产业均衡发展的现代化城市。伴随经济的飞速发展，深圳已成为中国首个100%城市化的大都市。

这一系列变化的背后是深圳独特的城市治理路径。深圳的城市规划体制与北京高度集权的规划体制有较大的区别，深圳模式被称为“运作最成功的模式”。[①] 深圳的城市管理采用分级垂直管理体制。深圳的城市规划管理部门层级为“市局（规划处、城市设计处）— 分局（规划科）— 国土所（规划室）”。深圳共有5个分局和38个国土所。市局的派出机构受市规划局和区政府双重领导。规划系统的干部实行垂直管理，即分局的主要领导由市局提名，征求区里的意见后，由市一级任命。三级垂直管理体系的设立对深圳市的城市规划管理起到了很大的推动作用。下一级是上一级的派出机构，这既保证了规划管理的快捷性和规划成果的层层落实，又保证了规划管理与城市具体地段的实际情况相协调，不会发生太大的冲突，还有利于将规划思想、规划内容等快速传播到城市的各个角落。[②]

虽然深圳没有其他城市固有的历史遗留问题，但在快速的城市化过程中，深圳也面临人口快速增长与产业集聚所带来的“城市病”，也会出现不均衡发展等问题。深圳在城市化过程中缺乏固有的基础，因此，它开创了一系列城市建设的新模式，在经济发展、产业融合、土地利用等方面探索了一系列创新政策。可以说，深圳的城市发展史也是一部深圳人的创业史。

① 田莉. 论我国城市规划管理的权限转变 —— 对城市规划管理体制现状与改革的思索[J]. 城市规划，2001（12）：30-35.

② 同上。

2019年8月，中共中央、国务院发布了《关于支持深圳建设中国特色社会主义先行示范区的意见》，正式给予深圳作为“社会主义先行示范区”的战略定位。这表明，深圳的改革被纳入国家议程，承载了重大的国家意志。从纵向上看，深圳经历了从“先行”到“示范”的发展历程。中央先后赋予深圳“经济特区”“综合配套改革实验区”“自由贸易区”“粤港澳大湾区”等改革特区头衔，以及一系列单项改革实验权。“先行示范区”的提出意味着“先行”的成果得到了中央的肯定，在发挥“实验”功能的同时，更加强调“示范”效应。从横向上看，深圳改革的“实验”属性逐步升级为“设计”属性。国家对一线城市赋予了特定的“先行先试”权力，但从《关于支持深圳建设中国特色社会主义先行示范区的意见》对深圳建设“中国特色社会主义先行示范区”蓝图的描绘来看，国家对深圳的目标设定、蓝图设计、路线规划等更接近中国“五位一体”的总体布局和“四个全面”的战略布局。

深圳的“先行示范”之路也是中国城市发展实验性改革的演进之路。从“先行”到“示范”的发展过程所面临的问题、形成的经验和采取的策略，具有一定的代表性。与实践发展所展现的生动场面相比，现有的理论解释并未展现这种历时性变迁。我们研究的问题首先来自现实，中国实验性改革的方法论是如何走向成熟的？为什么在“先行先试”的诸多城市中只有深圳获得了“先行示范”的定位？要回答这两个问题，就绕不开中央和地方的关系这个议题。那么，中央的选择性控制经历了怎样的变化？地方的主动性探索又经过了怎样的转换？只有在弄清楚这些问题的基础上，我们才能明确深圳作为“先行示范区”在中国改革过程中的重要位置，并理性看待其改革的示范效应。

深圳的改革历程与中国改革开放进程同步，中央主导的制度变迁与地方的积极探索相互交织。深圳成为中国改革开放的受益者之后，又成为探寻发展路径和实验改革方案的贡献者。“先行”表明了深圳的“实验”属性，丰富和发展了中国改革的方法论；“示范”则更多地强调深圳作为创新型国际城市发展的示范效应，作为中国对外开放战略中的一个重要环节。从“先行”到“示范”的跨越，深圳的发展经历了以下四个阶段。

一、碎片化赋权下的局部性突破：经济特区的建立

党的十一届三中全会对中国改革开放做出了重大部署，深圳成为经济特区，深圳由此进入了改革开放的初创与奠基阶段（1978—1986年）。在这个阶段深圳的发展以局部改革和单项突破为主。深圳进行了大规模的基础设施建设，确定了“外引内联”的建设方针。深圳还在市场管理体制、基建管理、人事干部制度、工资制度、住房制度等方面率先进行了改革。

在深圳特区建立之时，城市改革还未起步，中央也没有明确提出要搞市场经济，但给予深圳特区实行计划经济与市场经济相结合的“先行先试”权力。当时，党内有不同意见，中央决策层也经历了逐步摸索的过程。1984年，邓小平考察深圳后指出：“建立经济特区的政策是正确的。”[①] 1985年，邓小平又指出：“深圳经济特区是个实验，路子走得是否对，还要看一看。”[②] 直到1987年，邓小平才对此坚定了信心：“现在我可以放胆地说，我们建立经济特区的决定不仅是正确的，而且是成功的，所有的怀疑都可以消除了。”[③]

深圳紧紧抓住发展契机，以招商引资为突破口，打开了对外开放的局面。通过加大对外来投资的政策支持力度，深圳引进了最早的一批港资企业。在市场与计划不断碰撞的过程中，深圳探索新体制，改革旧体制，成为名副其实的“改革实验场”。这一时期的改革主要围绕建立市场经济体制展开，深圳采取了以下措施：第一，改革金融体制，尝试利用外资进行城市基础设施建设；第二，改革价格体制，率先尝试利用市场机制来解决物资供给问题；第三，改革劳动人事管理体制，以市场手段促进人力资

① 中国共产党新闻网．敢闯敢试铸就深圳奇迹[EB/OL]. [2022.12.13] http://cpc.people.com.cn/n1/2022/1213/c443712-32585971.html.

② 央视网．邓小平纵论深圳经济特区[EB/OL]. [2022.12.13] http://ent.cctv.com/news/special/zt1/shenzhen/1521.html.

③ 同上。

源的横向流动；第四，改革实行土地使用权转让制度，发展土地市场，解决城市建设的用地问题。

二、类型化赋权下的转型发展：特区经济体系的建立

以邓小平南方谈话和党的十四大会议为标志，深圳的发展进入了转型阶段（1987—2002年）。深圳在全国率先建立了市场经济的“十大体系”，标志着社会主义市场经济体制的基本框架初步形成。深圳作为社会主义市场经济实验区的定位更加明确。

从中央层面看，这一时期的改革赋权具有明显的类型化特征，即从政策上大力支持深圳探索建立社会主义市场经济体制。1988年，《国务院关于广东省深化改革扩大开放加快经济发展请示的批复》明确指出，确立广东为“综合改革实验区”，其重要任务在于发展外向型经济，处理好新、旧体制的转轨问题，进一步发挥经济特区的重要作用。1988年，深圳成为计划单列市。1991年，深圳建立了深圳福田和沙头角保税区。1992年，深圳获得了地方性立法权。1995年，深圳开始了口岸管理试点的建设工作。从诸多中央授权来看，在这一时期，探索社会主义市场经济、发展对外经济，是深圳在中国改革开放部署中的核心定位。

同时，深圳提出建立社会主义市场经济的“五大体系”和发展市场经济的“四大运行机制”。深圳大力推进市场经济改革，

主要内容概括如下：第一，大力推进所有制改革，发展混合所有制经济，率先开展股份制改革，建立股票证券交易市场；第二，健全现代市场体系，规范市场化运作机制，提出“按照国际惯例‘打篮球’”，营造公平竞争的市场环境；第三，建立外汇市场，成立了中国第一家产权交易机构，推动产权制度改革；第四，加强政府行政审批制度改革，建立适应市场经济发展的服务型政府。

三、综合性赋权下的系统性改革：现代化城市的发展

自2003年开始，深圳经济特区发展进入了一个深化改革和全面发展的新阶段，即优化与拓展阶段（2003—2017年）。在此阶段，深圳将现代化建设向“效益深圳”“和谐深圳”推进，实现经济、政治和社会的系统性改革是一项更为复杂的任务，牵涉到各方面的利益分配。可以说，深圳的改革进入了边际成本递增的阶段。[①] 深圳将改革的重点从经济领域逐步拓展到社会领域和行政体制领域，开始了系统性的改革。

从中央层面看，综合性赋权成为这一阶段的重要方法。2005—2013年，国家分别建立上海浦东新区等12个国家综合配

① 聂辉华. 对中国深层次改革的思考：不完全契约的视角[J]. 国际经济评论，2011（1）：129-140.

套改革实验区。各个实验区依然具有类型化赋权的特征，中央针对各地不同的情况，分别设立了改革目标。深圳的改革最具综合性特征，《深圳市综合配套改革总体方案》对深圳的定位是："争当科学发展示范区、改革开放先行区、自主创新领先区、现代产业集聚区、粤港澳合作先导区和法治建设模范区，强化全国经济中心城市和国家创新型城市的地位，加快建设国际化城市和中国特色社会主义示范市。"深圳改革试点的政策领域趋于多样化，在经济改革实验区进行了现代化的城市建设。2008年，经国务院批准同意，深圳建立了前海保税区。2012年，深圳建立了粤港澳人才合作示范区。2014年，深圳开始了信息惠民的国家试点城市建设工作。2015年，深圳成为自由贸易示范区。2017年，深圳成为粤港澳大湾区的中心城市。与此同时，中央更加重视深圳的综合辐射作用，先后赋予其全国性经济中心城市、全球海洋中心城市、国际科技信息中心城市、制造业科创中心城市等头衔。

深圳借助改革过程中形成的良好制度基础，大力推进城市的系统性改革，努力提升城市的综合竞争力。深圳主要采取了以下策略。第一，大力发展高科技产业，注重人才引进和知识产权保护。第二，推动城市化进程，加快特区内外一体化建设，加快推进"农转居"工作，将村办企业改造成股份公司，并于2004年率先在全国实现了100%的城市化。第三，加快国有企业改革，推动国有企业经营体制与市场经济接轨。第四，改革事业单位，加快转制，深化其内部改革。第五，推动政府行政体制改革，通过大部制改革进一步提升政府的管理能力。第六，关注外来人口的融合问题，增加城市吸引力。第七，不断增加民生投入，提高社会服务水平。第八，注重生态文明建设，建立可持续发展评价机制，探索建立碳排放市场。

四、示范性赋权下的全面深化改革：先行示范区的确立

党的十九大以后，深圳的发展进入了创新发展与质量提升阶段（从2017年开始至今）。在经济发展方面，深圳努力打造高质量的供给体系，发展高端产业和总部经济。经济发展所带来的集聚效应拓展到了社会和行政体制领域，其“先行先试”的制度优势进一步扩大了深圳的城市影响力。

中央将深圳从“经济特区”的定位转为“中国特色社会主义先行示范区”，这是深圳开启全面改革开放的新信号，并且赋予了深圳发展的新使命，标志着中央再次将深圳发展与国家命运紧密联系在一起。经过碎片化赋权、类型化赋权和综合性赋权，深圳成为社会主义现代化强国的城市范例，成为一座充满魅力、动力、活力、创新力的国际化创新型城市。我们从中央对深圳先行示范区蓝图的描绘中可以看到，中央对深圳改革示范功能高度关

注。《关于支持深圳建设中国特色社会主义先行示范区的意见》可以分为以下三个部分内容：第一部分，对“中国特色社会主义先行示范区”的定位认知；第二部分，从经济、政治、文化、社会和生态这“五位一体”的总体布局介绍了改革的方向和内容；第三部分，从领导、法治和实施机制等方面介绍了各种保障措施。整体上看，这一规划围绕着“什么是中国特色社会主义先行示范区的深圳方案”以及“怎样建设深圳”的核心问题，与国家“五位一体”总体布局和“四个全面”战略布局紧密关联，是中国特色社会主义蓝图的缩影。这意味着，这一蓝图将率先在深圳实现，其战略性意义不言自明。

第五章

案例分析："双顶驱动"下的北京城市治理

有学者从中央和地方关系的角度分析了地方政府的改革类型。改革开放以后的改革创新主要是实验主义的改革类型，即将目标控制和手段控制分离，中央与地方进行明确的分工，这就给地方留下了巨大的政策空间。[①]然而，全国政治中心与全国中心城市的双重定位叠加在一起，给北京带来了充足的资源，也为北京设定了严格的目标及其实现路径。因此，我们可以将北京的城市治理称为一种"双顶驱动"的设计主义路径，即由顶层进行设计，并通过自上而下的方式来落实的发展路径。北京城市治理是强制性变革的代表。首都治理是国家治理的重要组成部分，会受到国家治理逻辑的影响。国家对首都治理的战略定位会引发首都

① 李文钊. 党和国家机构改革的新逻辑 —— 从实验主义治理到设计主义治理[J]. 教学与研究，2019(2)：59–71.

治理的界面重构和内部结构改革。[①]

因此，北京的基层政府在城市治理中的行为模式具有一定的独特性。从行政层级来看，北京的区、街道和乡镇（简称"街乡"）都属于基层政府，但因为北京城市与首都在空间上重合，共同承接了来自顶层的国家意志，行政层级距离缩短，行政压力必然会增加。这种独特性直接带来的结果就是：北京在城市治理中面临着目标与等级错位的困境。一方面，基层政府要执行建设首都和国际化城市的高层级规划；另一方面，辖区内存在大量的省部级机构、央企、使馆区等超出其行政管辖权限的单位，基层政府很难对其进行统筹管理。同时，北京还要在特定的时段发挥其国家政治中心的特殊职能，追求稳定的管制性职能会在一定程度上压缩服务性职能。城市也会因为政治职能的限定作用而在内部设置特定的政治和社会秩序。

在社会主义新时代，北京的城市治理嵌入在京津冀城市圈之中，在京津冀协同战略的引领下进行。京津冀协同发展构成了首都治理的外部环境，国家战略则引领着首都治理的变革。这样的顶层设计开启了北京内、外两个向度的改革：对内进行首都非核心功能的疏解，围绕"四个中心"功能向核心功能聚焦，进行内部功能重构；对外疏解人口，与外部城市形成分工明确的协同发展模式。这种强制性的内部功能重构，有可能引发外部的协同效应。从京津冀城市圈与长三角、珠三角城市圈的对比来看，京津

① 李文钊．理解中国城市治理：一个界面治理理论的视角[J]．中国行政管理，2019（9）：73-81.

冀城市圈的协同效应最弱，而北京产生了“虹吸效应”，并未发挥辐射和带动作用。新一轮的城市治理变革就是为了解决这个问题。然而，在府际竞争过于激烈的条件下，城市之间的协同作用很难发挥出来。因此，这种协同需要由顶层决策者进行自上而下的强力作用。

本章主要从上、中、下三个维度对北京的治理过程进行考察。其中，人口管理制度是关系到城市发展的关键制度。中国特有的户籍制度与整个城市的公共服务和利益分配有着密切的关系，具有制度黏性和人口的全覆盖性，① 此为三个维度中的“上维”。街乡体制在城市治理当中具有承上启下的中间连接作用，既直接承接上级任务，又直接面对来自民众的诉求。但长期以来，街乡面临着职责与权力不匹配的问题。街乡疲于应付上级分派下来的大量任务，很难对民众的政策偏好给予有效回应；又因为街乡没有足够的统筹权力，在解决问题的过程中，很难对这些问题进行整合。街乡体制属于三个维度中的“中维”。社区是城市社会的组成细胞，往往能反映大问题。在党建引领的治理格局中，社区形成了国家、市场、社会和党组织共同参与构建的复合体。城市发展过程中也形成了多种类型的社区，其中老旧小区的治理是弥补城市治理短板的关键。社区管理体制属于三个维度中的“下维”。

① 陈波，张小劲．内部激励与外部约束——新一轮城市竞争中的户籍制度改革逻辑[J]．治理研究，2019，35（2）：88–97．

第一节
人口政策变化：从强规制管理到精细化治理

户籍制度是我国最重要的社会管理制度之一，这一制度在建立之初便承载了异乎寻常的政治、经济和社会功能，而这些功能又在过去几十年的发展中不断得到强化和放大。因此，改革开放40多年来，户籍制度改革遇到了极大的挑战。与其他领域的改革相比，户籍制度的改革非常缓慢，仅在少数地区有所突破。党的十八届三中全会启动了全面深化改革的方案，户籍制度改革获得了新的动力，多个省市推出了具体的改革措施。相对而言，城市的人口规模和经济发展与改革进展密切关联，大城市的户口带来的福利比较高，所以大城市的户籍改革相对滞后。

北京作为国家首都的特殊地位既为北京的城市发展带来了诸多政策红利和资源优势，同时附加了更多关乎政治稳定和国家安全的约束条件。因此，北京的户籍改革更加谨慎，其结果就是：实施严控型的人口政策，与城市发展需要的人口流入存在一定的矛盾。国家机关的用人进人、大型央企的人才引进等相互交织，凸显了北京有别于其他大城市的户籍管理困境。2015年12月10日，《北京市积分落户管理办法（征求意见稿）》正式发布，北京开启了新一轮的户籍制度改革，引起了社会各界的广泛关注。

本章对北京户籍制度改革做一个全景式的描述和尝试性的分

析。首先，从历史视角概述北京户籍制度的演变和改革历程；接着，详细分析积分落户制度；最后，从学理角度进一步探讨北京户籍制度改革的发展前景及其面临的挑战。

一、“严控人口，屡败屡战”：对户籍历史的考察与分析

严格控制城市人口规模是中国城市建设一直坚持的主线。北京作为国家的首都，肩负着特殊的政治使命，对人口的管控措施更加严格。控制人口规模是北京市政府历次规划的重要内容。早在“二五”计划中，北京市政府就明确提出了人口数量控制的具体目标。1981年，北京市政府报送的《关于严格控制首都人口的建议》中甚至提出了“北京市人口在任何时候都不要超过1000万人”的目标。在管控人口的过程中，户籍制度一直是北京市政府的重要制度手段。从1949年开始，北京市公安局先后颁布了《北京市市民申报户口暂行规则》《违反市民申报户口规则暂行法则》和《管理户口内务细则》，对北京市的人口规模、人口迁入等提出了明确的控制目标和措施，初步建立了比较完善的户籍制度。1958年，全国人大常委会通过了《中华人民共和国户口登记条例》，户籍制度在全国范围内正式建立。北京市的户籍制度不仅早于全国其他地区，而且更加严格。北京市的户籍制度也经历了各种变化，其发展大体上可以分为“严控户籍人口”和“严控

流动人口"两个阶段。

（一）20世纪50年代至80年代：严控户籍人口

20世纪50年代至80年代，北京市人口调控的对象主要是户籍人口。早在"一五"计划时期（1953—1957年），北京市就明确了"减少城市人口"的思路，通过限制户籍人口迁入、征收城市增容费等方式来控制城市人口的增长。从20世纪60年代开始，国家进一步强化了对生活必需品和日常消费品的配给制度，严格实行城镇粮食定量供应和日用商品凭票供应。而各种票证的发放与正式登记的户口密切关联，因此，户籍制度表现出了更大的黏性。户口与生存必备的物资捆绑在一起，非户籍人口几乎无法获得生存必备的物资。这样的管控手段在当时是非常有效的，尤其是在20世纪60年代初期国家推行"自愿缩减粮食定量"政策后，北京甚至出现了"反城市化"的浪潮：城市人口下降，由1960年的732万减少到1961年的721万。[①] 之后，北京市人口很快恢复了稳定增长的趋势，由1961年的721万增长到1980年的885万。[②]

这一时期的户籍制度本身也经历了从建立到完善的过程，从最基本的人口登记管理手段逐渐产生了制度黏性，与生产要素、

① 马小红，尹德挺．当代北京人口（上）[M]. 北京中国人民大学出版社，2014：26.

② 马小红，尹德挺．当代北京人口（上）[M]. 北京中国人民大学出版社，2014：32.

生活物资密切关联。因此，户籍不仅关乎个人的生存，而且成为政府宏观调控的基础性制度。在计划经济条件下，户籍制度逐渐成为城乡之间一道密不透风的铁门，政府依靠户籍制度来管控人口表现出较强的直接性、强制性和单一性。政府往往通过政治运动和行政命令来实现人口的大迁移。

（二）20世纪80年代至2010年：严控流动人口

1980年，国家承认了人口流动的合法性，打破了对人口流动的多年禁锢。从此，流动人口大量出现，为城市的发展提供了源源不断的劳动力。然而，国家层面的人口流动政策给北京市人口调控带来了更大的压力，流动人口从此成为北京市户籍制度的主要管控对象。1986年，北京开始了流动人口的抽样调查。数据显示，当时暂住北京的流动人口只有66万人。但到1997年，这一数值就达到了300万。2014年，流动人口增加到800万。[①] 正是流动人口的迅猛增长，使北京的人口管控一直保持着高压态势。在坚持“总量控制”的原则下，政府一直采取严控人口增长的策略。1985—2004年，北京市的户籍政策如表5-1所示。

① 马小红，尹德挺．当代北京人口（上）[M]．北京中国人民大学出版社，2014：32．

表5-1　北京市户籍政策（1985—2004年）

时间	文件名称	调控方向	调控思路
1985年	《关于暂住人口户口管理的规定》	户籍管理	流动人口申领暂住证
1995年	《北京市郊区小城镇建设试点城镇户籍管理试行办法》	空间分布，人口规模	控制人口迁入数量
1995年	《北京市外地来京人员户籍管理规定》	人口管理	暂住证作为外来人口福利的基本依据
1997年	《北京市郊区小城镇建设试点城镇户籍管理试行办法》	空间分布，人口规模	控制人口迁入数量
1999年	《北京市引进人才和办理〈北京市工作居住证〉的暂行办法》	人才引进	吸引人才
2000年	《北京市鼓励留学人员来京创业工作的若干规定实施办法》	人才引进，资本引进	吸引人才和投资
2001年	《关于外地来京投资开办私营企业人员办理北京市常住户口实行办法》	资本引进	吸引投资
2004年	《北京市鼓励和吸引优秀文化体育人才来京创业工作的若干暂行规定实施办法》	人才引进，资本引进	吸引人才和投资

资料来源：由作者根据相关资料整理得到。

在这个阶段，为了满足城市对人口的需求，北京在严控户籍人口的同时，又不得不采取一些变通的措施，以应对流动人口不断增长的现实，其目的是对流动人口"管起来"。因此，北京更早地实行了多种管控人口的手段和方法。继1978—1983年实行"进京介绍信制度"后，北京开始实行暂住证制度。20世纪90年代，北京又开始为符合规定条件的外来流动人口提供"蓝印户口"。随着新一轮户籍制度改革的启动，全国范围内相对统一的"居住证制度"也在北京落地，成为管控流动人口的主要形式。

在这样的背景下，北京的户籍制度的功能也发生了重大变化，由阻挡外来流动人口的“铁门”变成了筛选外来流动人口的“过滤网”。因为北京户口具有较高的“含金量”，所以它成为招纳人才、吸引投资的重要条件。因此，北京的户籍制度具备了调节人口素质、调整人口结构的重要功能。随着城区的扩张，“城市病”更加严重，引导人口向卫星城和郊区迁移成为北京户籍制度改革的新方向。北京“十五”规划明确提出，要“采取有效措施，切实解决人口和产业向卫星城转移过程中存在的户籍管理、住房制度等方面的问题”。北京“十二五”规划中进一步强调了户籍制度在筛选人才、优化人口结构等方面的作用，提出要“控制总量，优化结构”，在严格执行户口准入政策的同时，进行户籍指标调控，要求合理配置进京户籍指标，优先解决好专业管理人才和技术人才的落户需求问题。

北京户籍制度的总体发展趋势是：强制性限制人口迁移手段转变为调节人口结构与布局的政策工具；由单纯控制人口增长的政策转变为促进城市健康发展的辅助性制度。因此，即使在北京这样较为特殊的城市发展空间里，户籍制度也不能一成不变。对户籍制度进行创新改革必然成为城市治理者的理性选择。最新颁布的《北京市积分落户管理办法（征求意见稿）》（以下简称《北京积分落户办法》）就是这种理性选择的重要体现。

二、"高筛选性，强导向性"：对现时政策的考察与分析

北京户籍制度改革是一系列因素综合作用的结果，也是北京借鉴其他城市成功经验的结果。比如，北京作为首都的区位优势得到强化，城市环境得到进一步改善，决策者的决策更加理性化等。自20世纪90年代开始，户籍管理权由各地方政府掌控，地方政府的自主性和创造性得到了充分发挥。从各地已有的改革政策来看，城市入户条件的设立成为政府的职责权限，在很大程度上反映了政府在户籍改革问题上的价值取向。[①]《国务院办公厅关于积极稳妥推进户籍管理制度改革的通知》规定，户籍管理权属于中央，频繁出台的中央文件确定了在大城市、特大城市建立完善的入户积分制度的改革方向。在这样的背景下，北京也在2015年向社会公布了《北京积分落户办法》。在当时公布入户积分制的11个城市中，北京是最晚的，但其影响远远大于其他城市。

具体说来，《北京积分落户办法》在结构上包含了基础条件、基础指标和导向指标三大内容，涉及入户申请者的年龄、教育水平、就业、纳税等多项指标。为了方便进行比较研究，本书将《北京积分落户办法》中的各项指标重新分类，按照个人素质筛选性指标、城市发展导向性指标和负分淘汰指标进行比较分析。

① 吴开亚，张力，陈筱．户籍改革进程的障碍：基于城市落户门槛的分析[J]．中国人口科学，2010（1）：10.

（一）个人素质筛选性指标

个人素质筛选性指标是依据申请人自身的禀赋以及荣誉、奖项、贡献等进行赋分的指标集合。这类指标考察的是申请人的素质和能力，这些都是申请人经过多年积累才能获得的“硬性指标”，“择优录取”的筛选性质非常明显，体现出北京市对流入人口的基本偏好。这也是北京市积分落户体系中分值最大的部分。

这类指标主要包含6项具体的指标，即年龄、学历、专业技术职务、稳定就业、稳定住所和纳税。其中，前3项（即年龄、学历和专业技术职务）属于申请人的“自赋素质”；后3项（即稳定就业、稳定住所和纳税）属于申请人的“给赋素质”。居住和工作指标则根据申请人在北京居住和工作的时间长短进行赋分。因此，这类指标主要考虑的是申请人对北京的贡献值、忠诚度和稳定性。

个人素质筛选性指标的筛选性突出表现在以下三项要素。一是这类指标赋分的起始标准。获得最低赋分值的标准设置越高，说明要求越严格。二是这类指标最低赋分值与最高赋分值的倍数比。倍数比越高，说明要求越严格。三是这类指标设置的细化程度。指标设置得越细，说明要求越严格。北京的落户积分制还充分体现了高度的筛选性，比如：年龄不超过45周岁，在京连续缴纳7年社保，专业技术职称在中级以上，学历在大专以上，个人所得税缴纳在10万元以上等。具体情况如表5-2所示。

表5-2　个人素质筛选性指标的具体情况

各项指标	细则	计量分值
年龄	不超过45周岁	0
学历	大学专科（含高职）	9分
	大学本科	15分
	硕士（每多获得1个硕士学位，加3分）	27分
	博士（每多获得1个博士学位，加6分）	39分
专业技术职务	中级专业技术职务	2分
	高级专业技术职务	5分
合法稳定就业	连续缴纳社保7年	3分/年
合法稳定住所	自有产权住房	1分/年
	租赁住房或宿舍	0.5分/年
纳税	个人所得税纳税额在10万元及以上	6分
	个体工商户平均每年纳税15万元及上	6分
	投资企业平均每年纳税20万元及以上	6分

资料来源:《北京市积分落户管理办法（征求意见稿）》。

与其他城市已经正式推行的落户制度相比，北京有其特殊的偏好。下面，我们以上海和北京为例，进行对比分析。上海要求具备大专学历才可以获得学历指标的加分，大专学历可以加50分，博士学历可以加110分，学历指标的最高分值与最低分值倍数比值分别是 4.3和2.2。然而，北京对高学历的倾向性更明显。上海在专业职称指标上要求达到国家职业资格四级，就可以加15分，最高可达140分，对应学历指标的起始得分和最高得分的倍数比值分别是3.3和0.79。而北京的要求是拥有中级专业技术职称的可加2分，最高可达9分，对应学历指标的起始得分和最高得分的倍数比值分别是0.22和0.23（见表5-3）。

表5-3 京沪积分落户分值比较表

	学历起始得分	学历最高得分	职称起始得分	职称最高得分	起始得分倍数比值（职称/学历）	最高得分倍数比值（职称/学历）
北京	9	39	2	9	0.2	0.23
上海	50	110	15	140	0.3	1.27

资料来源:《北京市积分落户管理办法（征求意见稿）》和《2016年上海积分落户制度细则》。

（二）城市发展导向性指标

城市发展导向性指标是依据个人选择与城市发展方向保持一致而进行赋分的指标集合。因为每个城市的基础条件各不相同，所以它们的功能定位也存在差别。这类指标主要是北京依据自身的承载力、城市规划、产业布局等情况而设定的指标，也是城市治理者的一种宏观调控的手段。对申请人来说，如果根据城市发展规划来调整自己的职业选择和落户区域，就会得到一定的加分，否则不得分，甚至会减分。城市发展导向性指标主要体现在以下两个方面：一是申请人从事的行业；二是申请人申请落户的区域。《北京积分落户办法》规定的积分结构如表5-4所示。

表5-4 《北京积分落户办法》规定的积分结构

各项指标	细则	计量分值
居住区域	由城六区转移到其他行政区	2分/年（最高6分）
	由其他行政区转移到城六区	-2分/年（最高减6分）

（续表）

各项指标	细则	计量分值
职住区域	由城六区转移到其他行政区	4分/年（最高12分）
	由其他行政区转移到城六区	–4分/年（最高减12分）
疏解行业就业	疏解行业就业	–6分/年
创新创业	孵化器或众创空间企业	2分/年，最高6分
	创业服务型机构	1分/年，最高3分
	高新技术企业	1分/年，最高3分
科技文化创新奖项	市级	6分
	国家级	9分

资料来源：《北京市积分落户管理办法（征求意见稿）》。

已经实行积分制的其他城市在行业和区域导向上设置了加分项，对落户申请人进行引导。然而，只有北京在这一方面设置了惩罚性的减分项，比如：在疏解行业就业方面，申请人每满1年减6分；职住区域由周边区县转移到城六区的申请人，最高可减12分。这表现出了极其明显的城市发展导向，说明《北京积分落户办法》严格遵循北京市作为"四个中心"的首都城市功能定位，为非首都核心功能的疏解提供助力。

（三）负分淘汰指标

负分淘汰指标是指根据申请人的违法乱纪行为进行打分的指标集合。这类指标体现了北京对居民素质要求的底线，目的在于增加违法乱纪者入户的难度。负分淘汰指标包含行政拘留记录、不良信用记录、涉税违法行为、违法犯罪记录等具体指标。北京在此类指标上的设置体现了对违法乱纪行为的低容忍度。负分淘汰指标详见表5-5。

表5-5　负分淘汰指标表

指标项	分值
行政拘留记录	-30分/条
不良信用记录	-12分/条
涉税违法行为	-12分/条
违法犯罪记录	一票否决

资料来源：《北京市积分落户管理办法（征求意见稿）》。

总之，北京市的积分落户体系的设计充分体现了“高筛选性，强导向性”的特点，对落户申请人的要求较高，并根据对城市发展导向性指标来设置减分项目，加强对申请人职住区域的管理。与东莞、中山、佛山等城市不同，北京在积分体系中设置了社会基本贡献指标，这进一步凸显了其高筛选性的特点。

三、“低扩散性，弱剥离性”：在学理上的理解与分析

中国的城市户籍制度整体上呈现出由紧到松的变化，由改革开放前完全的行政审批制转变为遵循市场逻辑的条件准入制。这标志着遵循市场竞争逻辑的落户模式得到了进一步的发展。户籍制度的变化可以看成是一种利益调整的过程。一方面，这是一种

利益扩散的过程，越来越多的外来人口可以通过户籍制度获得流入地的户籍，享受到流入地的市民待遇；另一方面，这也是一种利益剥离的过程，即户口带有的经济和社会权利与户口本身相对剥离，使户籍制度在一定程度上回到"人口登记"的最初功能。北京的户籍制度的变化也呈现出这样的发展路径，但由于北京是国家的首都，地位比较特殊，这一过程显得过于缓慢，从而体现出"低扩散性，弱剥离性"的特点。

（一）利益扩散

利益扩散是指利益通过一定的机制在更多主体之间实现扩展或转移的过程。[①] 从本质上讲，利益扩散是地方政府理性决策导致的利益均衡分布的状态。到政府部门进行户口登记、更新户籍信息是公民的责任和义务。通过对人口信息的登记、进而掌控人口迁移的动向和结果，也是政府部门的权力。随着生产要素的市场化程度越来越高，这种权力的价值也就越来越高。具体且灵活的城市落户政策就是将权力的价值转化为实际的经济增长值。

新中国成立初期，国家通过城乡分离政策实现了工业资源的高度积累，从而为"不要城市化的工业化"提供了保障，户籍制

① 王清．地方财政视角下的制度变迁路径分析——以当代中国城市户籍制度为例[J]．武汉大学学报：哲学社会科学版，2011，64（3）：90-97.

度在其中发挥了重要作用。[①]到20世纪90年代，为吸引投资、刺激产业发展，北京市适当放松了入户标准，户籍制度发挥了利益扩散的工具性作用。当前，小城镇、中小城市的利益扩散范围越来越大，门槛越来越低，而与之形成鲜明对比的是，大城市、特大城市的利益扩散相对滞后，受益群体趋于“精英化”。北京的户籍制度改革具有非常明显的“精英意识下的地方保护”这一特征。[②]

北京户籍制度改革的困境在于：公平竞争的市场化逻辑与“稳定压倒一切”的政治逻辑经常处于矛盾状态。北京是中央政府机构的集中区，是各类大型央企和外企的总部所在地，又是中国与外部世界进行交流的“国际交往中心”，这样的角色定位决定其城市发展的首要目标在于“维稳”。因此，北京不可能完全按照市场规律来制定改革政策，“严格限制特大城市的人口规模”以及入户的“高门槛”，主要是为了北京的政治和社会稳定。上海、深圳、广州和天津等城市的积分落户制管理办法出台的部门主要是人力与社会资源保障局、政府办公厅等部门，而《北京积分落户办法》则是由北京市政府法制办公室公布的。从文件出台的部门就可以看出，北京注重的是政治和社会稳定。而北京的积分体系设计本身就体现了“高筛选性，强导向性”的特点，对申

① 林毅夫，蔡昉，李周．对赶超战略的反思[J]．战略与管理，1994（6）：1–12．

② 康岚．精英还是平权：对大城市外来人口吸纳原则的讨论[J]．同济大学学报：社会科学版，2014（4）：59–66．

请人的学历、年龄、连续工作时间等方面的要求非常严格。正是考虑到政治和社会稳定，北京的进京户口审批权相当分散，国家、市属和军队三大系统的相关部门掌管着进京户口审批权。由于审批部门之间没有隶属关系，各部门制定的准入政策以及每年的落户指标与全市人口规模调控的目标很难保持一致，这在客观上增加了北京市政府的人口管理难度。[①]

（二）利益剥离

利益剥离是指一些制度发生变化后形成了新的利益分配机制，促使原有的制度出现"空壳化"。[②]中国的户籍制度存在极强的利益黏性，这种利益黏性又导致不同地区之间的户籍存在一些差异。以户口为基础制定的公共政策、政府规章、配套法律制度等越来越多，权利与福利的巨大差别造成了户口的价值差与等级化，人们会为优质的户口资源而奋斗。当前，中小城市的户籍价值有所削弱，大城市（尤其是特大城市）的户口"含金量"甚至有所增加。相对而言，北京市的户籍制度改革体现了"弱剥离性"这一特点。

市场化的资源配置会逐步取代行政化的资源配置。然而，由于中国各地区发展具有一定的不平衡性，中国逐渐形成了一些

① 冯晓英. 深化户籍制度改革与北京人口管理[J]. 前线，2004（5）：46–48.

② 同上。

“特权城市”。这些城市具有丰富的公共资源，如教育文化资源、医疗卫生资源等。北京作为国家的首都，可以享受到更多的政策红利，在教育、医疗、文娱、职业发展等方面具有明显的优势。确切地说，就业和收入水平是影响人口向北京流动的重要因素。根据“六普”数据，2011年北京城镇人口的人均工资收入分别是河北、山东和河南的2.1倍、2倍和2.2倍，人均财政收入则分别是河北、山东和河南的6.2倍、4.2倍和8.1倍。在此基础上形成的公共服务资源也是吸引人口流入的关键因素。同时，北京还具备强大的资源调动能力，在农产品、水资源和能源供给等方面具有“先天优势”。市场资源和行政资源的双重优势，使北京成为中国的“福利高地”。

然而，随着北京人口规模越来越大，“城市病”越来越严重，落户标准也是“水涨船高”。城市依靠大量廉价劳动力积攒了重要的经济和社会发展资源，而财力越雄厚、公共服务水平越高的城市，其落户门槛会越高，户口的价值差与等级化则越明显。

四、尝试性评价

自改革开放以来，我国一直坚持“重点推进中小城镇发展，限制特大城市发展”的城市发展方针，体现在户籍制度改革方面就是：小城镇的改革力度最大，中小城市次之，大城市的改革力度最小。户籍制度改革的阻力之一就在于城市的户口的“含金量”。也就是说，户口的“含金量”越高，户籍制度改革的难度也就越大。北京具有市场资源和行政资源双重优势，其户口带有更多的经济和社会利益，因此，北京户籍制度改革的难度可想而知。

然而，北京户籍制度也为城市治理者提供了可以利用的优势资源。户籍制度作为一种宏观调控手段的工具，其工具性作用也会得到更加充分的体现。这就要求城市治理者能够充分理解户籍制度的工具特性，使城市人口和城市发展之间保持良性互动。《北京积分落户办法》只是户籍制度改革的开始，而非结束。

第二节
治理体制改革：从控制型政府管理到回应型政府治理

在“双顶驱动”的设计主义城市治理模式中，地方政府的执行能力是关键因素，唯有高效的执行力才能保证规划顺利落地。这就涉及现代社会治理的两个方面，即治理体系和治理能力。从先后顺序上看，唯有建构起现代化的治理体系才能有现代化的治理能力。这两个“现代化”在北京的城市治理中非常重要。

从国家角度看，现代化的治理体系和治理能力能够使规划得到精准落实。从民众角度看，民众对治理体系和治理能力的评价比较主观，民众对政府的评价来源于他们对政府公共政策的主观感知。因此，政府对民众的政策偏好进行回应，是提升政府绩效评价的关键。这种回应型治理有着更深层次的政治意义，直接关系到政府的公信力，甚至会动摇国家的合法性基础。

一、控制型政府管理与回应型政府治理

控制型政府管理是指在高度集中的政治和经济体制下，政府主要采用行政手段对社会进行全方位的管控模式，这种模式的典型形态便是全能型政府。控制型政府管理具有以下几个特征：第

一，权力高度集中在政府手中，政府是社会管理的唯一主体，并且会排斥其他社会主体；第二，政府主要采取行政手段，强调权力的纵向控制，用自上而下的行政逻辑来处理社会治理问题；第三，在管理导向上，以政府需求为中心，社会的发展要为政治目标服务。

对政府而言，控制型政府管理模式是比较容易被官员接受和操作的权力运行模式，但它也会带来行政成本过高、纠错能力不强等负面效应，并且越来越不适应现代化的发展要求。控制型政府管理的具体表现主要包括以下几个方面。第一，在控制型政府管理模式下，政府监管失灵容易引发民众对政府的信任危机。由于民众与政府之间存在信息不对称的问题，加上社会缺乏对政府官员有效的监督机制，因此，官员滥用权力的行为无法得到有效制止，导致整个政府的形象和公信力受损。第二，在当下政府管理体制的运行中，存在多头管理、令出多门等问题。一个社会主体可能要对应多个管理部门。多头管理和重复管理会导致政府的行政管理成本和社会运行成本不断增加。

治理是指各种公共或私人机构共同管理社会事务的诸多方式的总和。它是一个不同利益主体共同采取行动的持续过程。[①]罗茨详细列举了六种关于"治理"的不同定义并指出，作为善治的治理是强调效率、法治、责任的公共服务体系。在社会控制方面，治理要

① 全球治理委员会．我们的全球伙伴关系 [R]. 牛津：牛津大学出版社，1995：23.

求政府与民间、公共部门与私人部门之间进行合作与互动。① 俞可平指出，治理的目的在于：在各种不同的制度中运用权力去引导、控制和规范公民的行为活动，最大限度地维护公共利益。②

回应型政府治理是指政府以维护和增进公共利益为核心，通过确立共同目标、促进民主协商等方式与社会机构以及民众进行合作，对民众诉求给予回应的治理过程。它要求政府在治理过程中能够对民众的诉求进行有效回应，及时将民众的诉求转化为政策，从而保持民众对政府的信任与支持，实现良政与善治。

二、政府公信力及其影响因素

信任是社会团结的润滑剂。德·茹弗内尔认为，“公共权威的重要职能之一就是增加全民心中普遍存在的信任感”。③ 托尔伯特等人指出，“保持政治体系正统性与稳定性的关键是要获取民众对政府的信任”。④ 亨廷顿指出，“如果一种社会文化中缺乏

① Rhodes R. The New Governance: Governing Without Government[J]. Political Studies, 1996, 44 (4): 652-667.

② 俞可平．治理和善治引论[J]. 马克思主义与现实，1999（5）：3-5.

③ Bertrand de Juvenile, Sovereignty[M]. Chicago, University of Chicago Press, 1963: 123.

④ Tolbert C. J., Karen M. The Effects of E-Government on Trust and Confidence in Government[J]. Public Administration Review, 2006 (3).

信任，将会给公共制度的建立带来极大的阻力"。[①] 在各种关系中，民众对以政府为代表的公权力的信任尤为重要。在现代政府治理中，政府行为的合法性在于其行为与公共利益保持一致，能够体现民众的普遍意志。

政府公信力是指政府以民众为中心，依法履行自身的职责与义务，保障民众的合法权益，做到言行合一，从而获得民众的信任与支持，保持治理的合法性与稳定性。政府公信力是政府保持合法性与政权稳定性的基础，是现代国家治理的重要依据，也是检验政府执政能力的重要标准。如果政府缺乏公信力，民众就会向家庭、宗族、部落、村寨、宗教等原生的社会与经济组织寻求依靠和信任。政府公信力的下降会导致公权力的运行成本大幅度提升，政府的权威性容易被民众的怀疑和反抗消解。长此以往，社会治理危机有可能演化为政治危机，从而动摇政权的根基。

龚培兴等人提出，"政府公信力得益于政府能力的展示，而政府工作的透明度是善治的标准之一"。[②] 朱光磊和周望指出了"政府公信力"与"政府公信度""政府信用""政府诚信"等概念之间的差异，认为地方政府职能转变不到位是导致政府公信力

① 塞缪尔．亨廷顿．变化社会中的政治秩序 [M]. 上海：上海人民出版社，2014：22.

② 龚培兴，陈洪生．政府公信力：理念、行为与效率的研究视角 —— 以"非典型性肺炎"防治为例 [J]. 中共中央党校学报，2003（3）：36-40.

弱化的主要原因。①马德勇等人运用人民网舆情监测室的“地方政府网络舆情应对能力排行榜”的数据，对影响地方政府公信力的因素进行了分析，发现政府工作的透明度和回应性的提升对地方政府公信力的增强有着显著影响。②

由中国社会科学院社会学研究所社会心理学研究中心在2016年组织的“中国社会心态研究”调查表明，受访民众对政府工作人员的信任程度普遍不高，说明政府公信力的改善并未取得预期效果（见图5-1）。

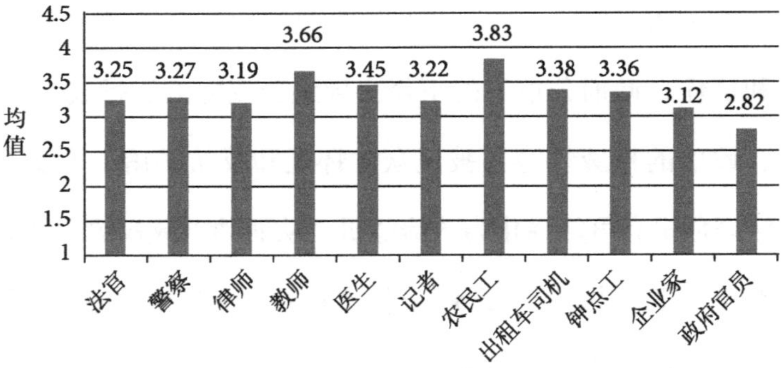

图5-1　受访民众对不同职业群体的信任度（2016年）③

注：受访民众对不同职业群体的信任度均值区间是1—4.5。

① 朱光磊，周望．在转变政府职能的过程中提高政府公信力[J]．中国人民大学学报，2011，25（3）：120-128.

② 马得勇，孙梦欣．新媒体时代政府公信力的决定因素——透明性、回应性抑或公关技巧？[J]．公共管理学报，2014，11（1）：104-113，142.

③ 高学德．2016中国社会信任调查报告．中国社会心态研究报告（2016）[M]．北京社会科学文献出版社，2016：123.

2016年的调查数据显示（见图5-2），居民对不同社会角色会采取不同的信任策略。受访者对政府官员及其办事人员的信任度在16个职业群体分类中分别排第12位和第13位。[①]

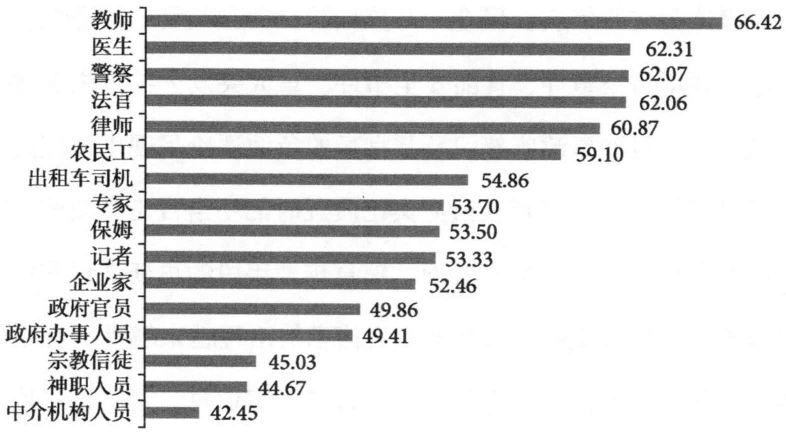

图5-2　不同职业群体被信任度的均值分布（2016年）[②]

注：不同职业群体被信任度的满分分值为100分。

受访民众对政府官员及其办事人员的信任程度不高，是当代中国地方政府公信力建设面临的痛点和难点。影响政府公信力的因素主要包括以下几个方面。

第一，从科技进步角度上看，互联网的飞速发展带来了信息

① 中国社会科学院社会学研究所社会心理学研究中心．中国社会心态研究报告（2016）[M].北京：社会科学文献出版社，2016：123.

② 高学德．2016中国社会信任调查报告．中国社会心态研究报告（2016）[M]．北京：社会科学文献出版社，2016：124.

传播渠道和传播方式的多样化和智能化。新闻报道通过基于互联网技术的新媒体平台实时发布，产生了比传统媒体更具时效性和影响力的传播效果。因此，地方政府对负面新闻的控制和封锁难度加大。在互联网时代，某一地区的负面新闻容易迅速成为各大新闻媒体关注的焦点。民众对严重威胁社会公共安全的恶性犯罪事件、环境污染事件、食品安全事件、重大突发公共卫生事件等更加关注，对涉事政府部门及其官员的负面评价呈现出强烈的情绪宣泄态势。政府官员在回应舆论质疑时的不当言论会使政府的公信力和形象受损。另一方面，信息传播手段的更新迭代和信息传播速度的提升使政府对网上不实信息的治理越来越难。在近些年的一些热点事件中，部分媒体发布了不实信息，对舆论环境造成了不良影响，也使政府公信力受损。政府应对突发事件时的危机化解能力和舆论引导能力需要进一步加强。

第二，从个体主观感受方面来讲，民众自身的社会公平感与他们对政府机构及其官员的信任度密切相关。研究表明，当民众的安全感和公平感处于较高水平时，他们对政府机构及其官员的信任度和支持率就会上升，以更加理性的态度来判断他们的言行是否真实合理。当民众的安全感和社会公平感较低时，一旦遇到突发事件，民众会对政府官员的言行持不信任态度。衡量社会公平与否的一项重要指标是社会阶层的流动性。2017年的“社会阶层认同调查”表明，受访群体的社会阶层认同以中层偏下为主，倾向于将自身归为弱势群体，并且高估了群际冲突的严重程度。①在受访者的“社会公平感调查”中，感觉自身属于下层和中下层民众的社会公平感得分最低。②此外，政府官员的腐败行为会严重破坏社会的公平与正义，降低政府自身的权威性与公信力。

第三，从地方政府施政角度来看，决定民众对地方政府信任度的关键因素在于其能否真正做到依法行政。在回应重大突发事件时，涉事政府能否做到妥善回应民众诉求，这是影响民众对其信任程度的重要变量。“政府的回应性和政府公信力之间存在很高的相关性。”③如果涉事政府部门在应对突发事件时隐瞒真实情况、相互推诿，逃避责任，就会导致政府公信力严重受损，引发次生舆情效应。政府披露信息不及时、不清晰，使民众容易掉入“塔西佗陷阱”，而其根本原因在于政府行政体制运行不畅，政府的组织体系与治理结构还有很大的优化空间。

① 中国社会科学院社会学研究所社会心理学研究中心. 中国社会心态研究报告（2017）[M]. 北京：社会科学文献出版社，2017：24-68，11.

② 同上。

③ 马得勇，孙梦欣. 新媒体时代政府公信力的决定因素——透明性、回应性抑或公关技巧？[J]. 公共管理学报，2014，11（1）：104-113，142.

三、北京市“接诉即办”改革

影响政府公信力的因素是多样化的。想要提升政府公信力，就要寻找破解权力寻租和政府内部信息不对称的有效方案。解决权力寻租问题，就要加强权力监督体系的建设；解决信息不对称问题，就要对政府的组织结构和职责体系进行优化，构建现代化的政府治理结构和体系。自2019年以来，北京市以“街乡吹哨，部门报到”的工作机制为基础，依托12345市民服务热线平台，推出“接诉即办”的治理改革，从加强政府现代治理体系建设的角度出发，有效回应民众诉求，切实解决民众反映的各项问题，以便赢得民众对政府的信任和支持，为构建规范、高效的基层治理体系探索出了一条新路径。

“接诉即办”治理改革的主要目的是通过体制和机制创新，解决现代城市治理中民意诉求、政治回应、资源配置、统筹协同等一系列问题，实现基层治理体系和治理能力的现代化。2019年2月18日，北京市召开了全市街道工作会议。不久，北京市委、市政府正式印发了《关于加强新时代街道工作的意见》（以下简称《意见》），提出设立群众诉求快速响应机制，将各类热线合并成12345市民服务热线，建立全市统一的民众诉求受理平台，实现咨询、建议、举报、投诉“一号通”。《意见》明确要求各个街道坚持“民有所呼，我有所应”，对市民的诉求要“闻风而动，接诉即办"。[①]当月，北京市委办公厅、市政府办公厅印发了《对市民热线反映通报问题"接诉即办"的工作方案(试行)》。2019年5月，北京市各区、各委办局、街道(乡镇)相应的贯彻落实工作方案陆续出台，"接诉即办"改革在全市全面铺开。

(一)"接诉即办"的运行机制

北京市推出的"吹哨报到，接诉即办"的改革是"顶层主导"与"顶层推动"的产物。市委主要领导亲自挂帅，推动"接诉即办"改革。区委书记带队接听民众电话，倾听民众呼声。这有助于发现城市与社会转型发展过程中存在的复杂矛盾和问题，同时发现政府日常工作中存在的差距和不足。"接诉即办"机制能够有效化解矛盾，增强民众对基层政府的信任度和依赖感。北京市政务服务管理局委托第三方机构运用大数据分析治理技术，依据政府服务热线的每月来电与回访数据，对相关诉求的时空分布、变化趋势、周期规律等进行科学分析，对各市辖区、街乡镇、承办单位诉求办理状况开展客观评估，提出对策和建议，形成《市民热线评估月报》，并对全市各个街乡的响应率、解决率和满意率进行排名。这一改革基于现有治理技术，以热线电话平台为枢纽，建立起了"居民热线求助→平台派单→基层处理(直接处理+

① 中共北京市委、北京市人民政府. 关于加强新时代街道工作的意见[EB/OL].(2019.2.23). 北京市人民政府网：http://www.beijing.gov.cn/zfxxgk/cpq11P046/tzgg52/201902/27/content_9807cbf968f445d5829674db277e8760.shtml.

部门处理）→上级考评”的数据治理流程和“市+区+街乡=回应型政府”的治理方案，形成了接诉、办理、督办、反馈的闭环式运行机制（如图5-3所示）。

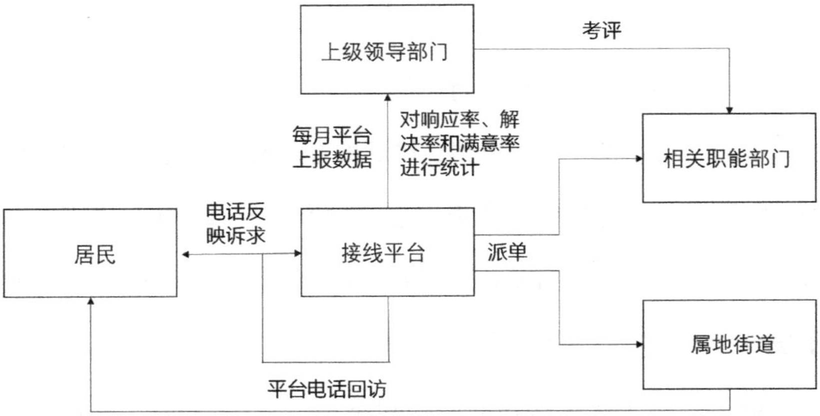

图5-3 “接诉即办”数据治理流程

（二）“接诉即办”治理改革的典型特征

北京市的“接诉即办”基层治理改革具有鲜明的行政主导作用和行政绩效的驱动特征。这一改革是由北京市委、市政府主要领导努力推动的结果，属于行政主导下的制度改革。北京市委、市政府在“接诉即办”改革中居于核心地位，是行动组织、资源保障、机制设计和绩效评价中的最重要的主体。一方面，为了加强属地街道的执行力度，促进基层政府落实“属地”治理责任，确保各种事项得到有效落实，北京市运用了目标管理和自上而下的责任传导方式，将多重目标和任务下达到基层，使责任延伸到具体的部门和个人。在治理实践中，各区党政机关"一把手"承担工作的主体责任，街乡政府"一把手"是第一责任人，对群众诉求亲自签办。另一方面，北京市委、市政府通过强有力的绩效评估指标体系，客观评估任务的完成情况。北京市委书记作为督办人员，每月都会召开区委书记月度工作点评会，依据每月的《市民热线评估报告》对各区党政机关"一把手"的工作进行点评。通过市委书记点名、区领导约谈、纪检部门介入、街乡内部执行、民众监督等方式加强对基层政府官员的督导，倒逼基层政府改进管理体制，创新治理模式，提升对民众诉求的回应能力和服务水平。

（三）"接诉即办"改革对加强地方政府公信力建设的意义

党的十九大报告指出，"增进民生福祉是发展的根本目的，必须在发展中保障和改善民生，促进社会公平正义，在幼有所育、学有所教、劳有所得、病有所医、老有所养、住有所居、弱有所扶上不断取得新进展，保证全体人民在共建、共享、发展中有更多的获得感"。[①]北京市坚持以民众为中心的发展思想，满足民众生活的便利性、宜居性、多样性、公正性和安全性，不断

① 习近平．决胜全面建成小康社会　夺取新时代中国特色社会主义伟大胜利[N]．人民日报，2017-10-28．

增强民众的获得感、幸福感和安全感。[①]统计数据显示，2019年1月至11月，北京市12345市民服务热线共办理民众诉求205万件，近50%的诉求在3天之内得到解决。这在很大程度上提高了民众的社会治理绩效评价，民众的表扬记录达到1.31万个，北京市政府信访办接待初次来访人员同比下降了40%。

总体而言，北京市的"接诉即办"治理改革有助于政府官员及时了解民情、把握民意，有效转变领导干部的工作理念，构建现代回应型、服务型和责任型政府。12345市民服务热线中有70%的民众诉求集中在民生领域，政府通过热线电话找到了民众面临的主要问题和重点区域，根据民众诉求制定相应的解决方案，尊重民众意愿，从而得到了民众的信任和支持。这一基层治理改革对民众诉求有了主动回应，建立了政府官员对民众的应责机制，减少了政府治理盲区，破解了基层治理难题。民众的话有人听，事情有人办，困难有人帮，民众对地方政府的信赖感和满意度自然就会得到提升。这一探索实践在本质上重组了地方政府的政治回应通道，推动了城市基层治理体系和治理能力的现代化变革。

① 北京市人民政府. 北京市聚力民生"七有""五性"，把以人民为中心的发展思想落实落细[EB/OL].（2019.3.4）. 北京市人民政府网，http：//www. beijing. gov. cn/gongkai/shuju/sjjd/t1579515. htm.

四、对提升政府公信力的策略性思考

俞可平指出，"回应性是善治的主要特征之一"。[①]回顾中国共产党领导中国人民进行革命、建设和改革的伟大进程，实现对民众良好的政治回应性，一直是党赢得民众支持、带领民众不断取得事业胜利的重要法宝。政府回应是政府在治理过程中对民众诉求进行有效反应，是将民众的合理诉求转化为政策的过程。它是提高政府治理能力的先决条件，也是促进民众与政府良性互动的必要前提。政府的回应是检验其是否具有适应性和内聚力的重要标志。随着中国特色社会主义事业进入新时代，实现政府对民众良好的回应，是推进国家治理体系和治理能力现代化的内在要求，也是提升政府公信力和执行力，防范和避免"塔西佗陷阱"的治本之策。

（一）加强社会治理，回应民众的合理诉求

自改革开放以来，随着计划经济体制下治理结构的不断瓦解，中国社会的组织化结构由单位制社会转向公共社会。张静指出，"今天的治理已经不再是对局部封闭的熟人社会的治理，而是对公共社会的治理。原有的双重治理结构不断瓦解，传统治理

① 俞可平．治理和善治引论[J]. 马克思主义与现实，1999（5）：3-5.

体系的治理效能大大减弱”。[①]政府治理效能的降低，导致相当一部分社会矛盾转化为官民之间的冲突与对抗，导致民众对政府不满。提升政府公信力，需要进一步加强社会治理，满足民众对美好生活的向往，不断增进民众的福祉。各地方政府应坚持以民众为中心的发展思想，建立应责和协调机制，促进社会公平和正义，赢得民众的认同与支持。政府官员对民众的合理诉求要及时回应，想方设法为民众解决实际问题，防范和化解社会风险，夯实政府治理的合法性基础。

（二）改进行政问责机制，实现民众对政府自下而上的评价与监督。

麦克菲和麦克米伦曾指出，组织成员因其特定角色和位置，有着各自的私有信息，导致权力寻租存在可能性。[②]想要解决权力寻租和政府管理的信息不对称问题，就要进一步改革和完善行政体制，优化政府职责体系与组织结构，优化行政问责机制。

第一，建设法治型政府，这是政府赢得公信力的基本前提。法治的实质就是对权力的规范和约束。党的十八届四中全会提出，要“深入推进依法行政，加快建设法治政府”。在政府治理的过程中，政府官员首先要以身作则，遵循相应的法律制度，严

① 张静．中国基层社会治理为何失效？ [J]. 文化纵横，2016（5）：30–34.

② McAfee Preston and John McMillan. Organizational Diseconomies of Scale[J]. Journal of Economic Management Strategy, 1995, (4): 399–426.

格依法行政。纪检监察机构需要加强对权力行使过程中的规制和监督，保障权力在法治的轨道上有效运行。

第二，建设责任型政府，这是提升政府公信力的有力保障。政府工作人员在行使职权时，如果违反了法律、政策、道义的要求，就必须承担相应的责任。

第三，建设服务型政府，这是增强政府公信力的重要手段。建设让民众满意的服务型政府，需要引入“自下而上”的评价与监督机制。民众对政府部门及工作人员的评价，可以成为倒逼地方政府改善服务态度、提高服务质量、提升服务效率的强大动力。只有建立起对民众负责、受民众监督、让民众满意的政府治理体系，政府才能赢得民众的衷心拥护和支持。

（三）提高政务工作的公开性和透明度，增强信息的权威性和可信度

公共权力的运行要公开、透明，这既是现代法治政府的基本要求，也是善治政府的重要标志。李海青指出，“民众之所以对公共权力失去信任，一个重要原因是由于公共权力不在阳光下运行。面对各类突发事件，一些地方政府采取了拖、压、捂、盖等手段，而不是积极应对，导致社会矛盾激化，政府的形象与公

信力受损”。[①]政府与民众之间的信息不对称问题容易增加民众对政府的不信任感。因此，政府在日常工作中应继续提升政务工作的公开性和透明度，完善民意诉求的表达机制，扩大民众的参与度。在重大公共政策出台之前，政府要充分征求民众的意见和建议，加强与民众的沟通和交流，保持政策实施的连续性和稳定性。在应对突发事件时，政府应及时、准确、全面地回应民众的质疑，减轻民众的恐慌和忧虑。

政府还应健全和完善新闻发言人制度。政府要适应新技术发展的趋势和潮流，重视传播手段建设和创新，加强对舆情的研判，主动抓取热点话题，搜集相关信息，在回应舆论时做到清晰明确、真实有效，避免前后不一、自相矛盾的现象发生。除此之外，政府还要对发布不实报道的行为进行处罚，防止媒体行业出现“劣币驱逐良币”的现象。政府要正确引导媒体行业从业者求真务实，确保新闻报道的真实性和准确性，提高新闻媒体的公信力、传播力和影响力。

党的十九届四中全会提出，“要坚持和完善中国特色社会主义行政体制，构建职责明确、依法行政的政府治理体系；坚持一切行政机关为人民服务、对人民负责、受人民监督，创新行政方

① 李海青．治国理政新思想对“塔西佗陷阱”的破解[EB/OL]（2017.8.17）中国共产党新闻网，http://theory.people.com.cn/n1/2017/0817/c83859-29476402.html.

式，提高行政效能，建设人民满意的服务型政府"。[①]这为现代政府完善治理体系，提升政府公信力和执行力指明了方向。政府公信力的提升需要贯彻以民众为中心的发展思想，进一步改善民生，让民众有更多的公平感、安全感和获得感，得到民众的信任和支持。地方政府需要进一步加强回应，高度重视和倾听民心民意，及时回应民众的诉求，打造现代法治型、责任型、服务型政府，实现由传统控制型管理向现代回应型治理的跨越；要打造廉洁高效、知行合一的现代政府，防范和避免"塔西佗陷阱"。这对坚持和完善中国特色社会主义制度，推进国家治理体系和治理能力的现代化，具有非常重大的意义。

① 中共中央关于坚持和完善中国特色社会主义制度、推进国家治理体系和治理能力现代化若干重大问题的决定[N]. 人民日报，2019-11-6.

第三节
社区治理变革：对基层协商民主的探索与思考

新中国成立后，北京率先进行了城市建设。与全国其他地区相比，北京的社区工作开展时间较早，社区工作积累的经验也比较丰富。改革开放以后，全国发生了翻天覆地的变化，市场经济发展与政治稳定要求的双重叠加成为北京城市社会变化的重要特征。这一特征投射到北京的社会治理领域，则体现为北京社区类型的多样化，既有公产房社区和商品房社区，也有回迁安置房社区，还有逐步脱离公有制单位的转型社区。本节重点阐述北京市海淀区关于社区改造的优秀案例。

改革开放以后，中国经济取得了飞速发展，在社会和经济结构整体转型的同时，政府、市场与社会在社区工作上的关系已经发生了结构性变化。如果按照传统城市的社区治理路径，社区治理往往由政府推动。现在，社区治理需要面对的问题复杂多样，传统模式已经很难及时解决社区治理过程中出现的新问题。因此，呼吁社会力量与市场力量进入社区治理的呼声越来越高。然而，如果仅仅依靠市场和社会“自下而上”的力量彻底解决社区治理过程中的长期性、制度性问题，也不大现实。

中国在推进城镇发展的过程中，大量农村地区被纳入城市管理范畴，这也使社区结构更加复杂，社区类型更加多样，社区中需要治理的问题也越来越繁杂。居委会行政化、政府目标与居民需求脱节、居民与物业关系紧张、社会组织发育不完善等问题都涌现出来了。为此，重新激发社区治理活力，重新调整政府、市场和社会的边界，探索多元治理主体良性互动的机制，成为重要的现实需求。最关键的是，社区治理如何进行变革，不仅是民生问题，更是影响中国如何建立和谐社会的终极问题。

探究"清河实验"，并总结出提高社区治理能力的工作方法，是解决社区治理问题的一种思路。通过对"清河实验"的发展历史及其核心内容的把握，总结出"清河实验"具有的普适性工作方法，对全国更多具有类似情况的社区开展社区治理工作具有重要借鉴意义。

为此，本节在第一部分首先从"清河实验"的历史背景出发，梳理"清河实验"提高社区治理能力的具体做法，解决党、政府、市场与社会这四个主体关之间的关键问题，准确把握社区治理的创新着力点。

其次，在第二部分，我们重点探讨社区治理能力提升的理论基础。目前，西方学界关于城市社区治理方面的经验及理论十分丰富，但也存在许多学理上的争论。比如，在社区治理能力提升上就存在多元主义与法团主义。"清河实验"的阶段性成功，反映出"清河实验"的治理逻辑具有一定的合理性，但如果要将其经验进行推广，我们就必须明确社区治理遵循的内在逻辑。

在第三部分，在总结社区治理理论的基础上，归纳了社会治理的具体工作方法。在这一部分，我们首先结合前面的分析，尝试构建社区服务提升的普适性工作方法与操作步骤，同时指出其中存在的限度与效度问题，为社区工作者提供参考和借鉴。

一、“清河实验”的发展历程

“清河实验”起源于1928年，由许仕廉等社会学家共同发起。早期的“清河实验”主要探究的是如何通过农民与当时的居民组织共同推进乡村建设问题。不幸的是，由于国内战乱，当时处于萌芽状态的“清河实验”被迫中断。

真正具有现代意义的“清河实验”是从2014年6月开始的，一直延续至今。2014年，海淀区政府与清华大学签订了《海淀区基层社会治理创新清河试点研究》项目合作协议后，双方确定在海淀区清河街道开展基层治理创新实验，“清河实验”正式开启。“清河实验”的发展到目前为止大致分为两个阶段即“清河实验1.0”阶段和“清河实验2.0”阶段。当前“清河实验”正处于2.0阶段。

（一）“清河实验1.0”阶段

2014年，受北京市委、市政府委托，清华大学社会科学学院的李强教授组建了"清河实验1.0"课题组，以北京市海淀区清河街道为研究对象，开展关于社区治理创新的相关课题研究。"清河实验1.0"就此拉开了序幕。

"清河实验1.0"分为前后两个部分：在第一部分，课题组面临的任务是，如何扩大社区居民的代表性；而在第二部分，课题组的关键目标在于探讨如何确定社区改造方案。从实验的具体内容来看，课题组不仅对居委会的人员构成进行了改组，还重新确立了议事委员会的核心领导地位与作用——由议事委员会带领居民进行民主议事和决策。此外，课题组还综合利用各种专家资源，对居民议案中提到的具体现实问题给出了专业性的改造建议与方案。

"清河实验1.0"的实验步骤大致分为以下三步：第一步，对前期试点社区进行实地调研；第二步，对试点社区的问题进行总结；第三步，对社区管理结构进行"再造"。

1. 实地调研

课题组首先开展了实地调研活动，走访调查了15个社区，有针对性地选取了毛纺南社区（单位大院型老旧社区）、橡树湾社区（高档商品房小区）、阳光社区（混合型小区）这三个具有代表性的社区，将其作为重点观察对象，开展聚焦分析。以上三个社区的类型、实例及特点如表5-6所示。

表5-6　实验小区的类型及特点

社区类型	实例	特点
老旧小区	毛纺南社区	1. 基本特点：该社区属于职工宿舍区，有自己的物业公司，但因为居民长期不缴纳物业费，所以社区管理缺少资金支持。 2. 居住环境：硬件设施老化，房屋老旧，社区环境较差。 3. 人文特点：大多数居民属于清河毛纺厂的职工，且以老人为主：80岁以上的老人有560位，60岁以上的老人占了一半以上。
商品房小区	橡树湾社区	1. 基本特点：该社区属于清河地区的高档商品房小区。然而，因为这个小区属于新建小区，居民内部关系不太紧密，所以社区居委会与业主委员会之间的协调工作有待提高。 2. 居住环境：该社区的居住环境优美，社区环境较好，配套设施比较完善。 3. 人文特点：该社区的居民主要是大学教师、企业精英和个体老板，人员素质相对较高。但因为这是一个全新的社区，邻里之间的联系不多，居民参与社区治理的意识比较淡。
混合型小区	阳光社区	1. 基本特点：社区内部共有6个生活小区，这些小区的环境差异较大，并且管理机制与居民类型各不一样。 2. 居住环境：该社区有商品房、单位房以及待拆迁的棚户区。 3. 人文特点：社区居民包括普通市民、农民、拆迁户等，人员结构复杂，有的小区邻里关系比较紧密，有的小区邻里关系比较疏远。社区内部进行利益整合的难度较大。

2. 问题总结

"清河实验1.0"课题组把调研发现的问题总结为以下两个方面。

首先，社区管理组织的作用得到充分体现。现有的居民代表大会在社区管理中出现了两个问题。其一，社区居民代表大会职能发挥不充分。其二，居民代表大会的代表性有待提高。课题组发现，大部分参会的居民代表只把自己当成旁听者，并没有把自己当成管理者。许多居民即使对社区管理有意见，发现了社区管理中的漏洞与不足，他们也不知道如何反映问题。最重要的是，居民反映的问题始终得不到解决。我们以社区内的公益金为例，政府为社区开展活动提供了一笔公益金。但问题在于，虽然社区能够依靠公益金来支持社区活动，但因为公益金的申请和审批时间较长、申请流程比较复杂，导致社区居民开展社区活动的积极性大大降低。有的社区居民根本不知道有公益金这回事，因此，原本用来支持社区活动的资金处于闲置状态，社区活动受到限制。在调研过程中课题组发现，由于有的社区是全新社区，有的社区人员结构比较复杂，导致邻里关系比较疏远，居民的积极性并不高，居民的参与度也非常有限。因此，他们对居民代表大会提出的管理方案并没有太大的兴趣，这些方案最终没有得到落实。

其次，社区管理组织的职责不明确。一般来说，居委会与服务站是两个不同的职能部门，各自承担着不同的管理任务。但实际的情况是，居委会在承担社区生活环境管理工作的同时，还要组织相关活动。居委会属于基层自治组织，但在行政化压力之下，居委会逐渐背离了原有的职权范围。原本代替居民行使社区管理决策权与议事权力的居委会，因为承担了过多不属于自身职责范围内的工作，原本的功能被削弱。这不仅使居委会工作人员的负担过重，而且造成了严重的“政社不分”问题。由于居委会与服务站之间的职能高度重合，居委会的工作人员同时也是社区服务站的人员。这样造成的后果就是居委会工作人员的工作量进一步加大。同时，如果居委会的任务与自身利益密切相关，政策执行的有效性及公正性也会受到影响。

3. 社区管理结构的“再造”

课题组分别对社区管理的结构、规则、流程等方面进行了“再造”。

第一，成立选举议事委员会。在本次社区管理结构“再造”的过程中，各级政府机构及单位将视野聚焦于如何充分发挥居民在社区管理结构中的主体作用。为此，如何提高社区居民的自治意识成为社区管理结构“再造”的第一步。为了更好动员社区内的居民参与社区改革，海淀区社会办、社工委、清河街道联与社区内的居民代表、居委会开展了多种形式的活动，如：张贴宣传横幅海报，以新媒体形式制作宣传教育短片，与社区内居民开展座谈会、入户调查、开展社区内活动等。

在前期的思想准备工作完成后，议事委员的选举工作在2014年12月份正式启动。在政府的指导和帮助下，社区通过了《选举公告》《选举办法》等相关文件，为后续工作提供了政策依据。之后，共有55名社区居民自愿报名参加了议事委员的竞选，政府还为每名竞选者制作了选举宣传展板和视频。

2015 年 1 月 16 日至 23 日，在三个社区里，居民代表大会和议事委员选举大会先后召开。在居民选举大会上，按照之前制定的规则，共选举出了 34 名议事委员。在这次的选举大会中，不仅有积极关注“清河实验”的30余名社区居民自愿参会，还有相关单位负责人、居委会成员、居民代表等，一共有200 余人出席了会议。在会议上，就社区环境卫生、治安管理、老幼服务、志愿文体活动组织等工作的进一步开展事宜，居民代表进行了相关讨论。

第二，设置议题。在前期的调研活动中，课题组发现，居委会需要解决的最重要的问题是“议行合一”。为此，就要选举出全新的议事委员会。然而，议事委员会如何有效开展议事活动，就要以明确的议事规则为依托。

在社区管理过程中，设置议题是极其重要的内容。一方面，议题的优先等级差异会影响到社区问题处理的先后顺序；另一方面，各议题存在差异，会影响到社区管理的实际效果。新增的议事委员要对社区公共事务进行定期讨论，但社区内的问题如此繁多，如何才能确定优先讨论的事项呢？确定议题的新规则便成为其中的一项重要内容。

在确定议题规则前，课题组首先将社区议题分为常规性议题和非常规性议题两类。常规性议题是指在一般的社区管理工作中，居委会需要处理的日常工作是社区内部普遍存在的长期性议题，比如居住环境的质量提升、社区管理的规范与监督等。非常规性议题是指针对某种突发事件而提出的议题。非常规性议题表现出一定的特殊性、短期性特征。一般而言，非常规性议题涉及的是专门问题，有时候也需要专门的技术人员来解决。

第三，确定议事程序。设置好议事程序是一个十分关键的问题。基本议事程序如下：由居委会主任组织召开议事委员会议，其中拥有决策权的人员包括新增的议事委员和社区原有的居委会委员。议事委员会议规定，每半个月召开一次会议。当然，在特殊情况下，会议也可以临时召开。列席会议人员一般包括与议题相关的议事委员，每场会议都需要有相关的文字或影音记录。

课题组还开展了议事委员的能力建设培训活动。通过专业能力培训，委员们逐步掌握了一些工作方式，如问卷调查、访谈、焦点小组讨论、组织居民召开讨论会等。

课题组通过对清河街道社区的实地调研后发现，公益金对社区提升具有重要的作用。为此，课题组制定了以解决社区公益金为议题的改革方案，居委会也将第一个议题确定为“社区公益金如何使用”。公益金使用的改革遵循“社区提出需求并监督，政府、市场和社会一起参与”的指导原则，切实保障社区居民的知情权、参与权、表达权和监督权。改组后的居委会，对如何科学使用社区公益金进行了充分讨论。

第四，明确社区提升路径。在社区提升方面，课题组遵循五大提升路径：从人的提升[①]、组织提升、环境提升、文化提升、福祉提升等路径，创建“开放空间”等全新民主协商讨论空间，通过不同议题，充分调动居民参与基层治理的热情。在社区环境整治方面，课题组与清华大学环境设计人员的合作，对阳光北里社区进行了绿化设计改造。

最终，“清河实验1.0”取得了阶段性成果。首先，课题组实现了居委会的职能改造。从居委会的基础组成、议事委员选举、行政能力培养、议事委员培训、建立议事制度等方面补齐了居委会的短板。其次，课题组还对居委会原有的“议”“行”职能叠加的问题进行了处理。最后，针对社区公益金的闲置问题，课题组为解决公益金使用问题，以公益金为议题，顺势建立了居委会议事协商机制，同时新增议事委员会，作为讨论社区内部公共事务的组织机构。

虽然“清河实验1.0”获得的成果比较丰硕，但其中也有很多问题没有得到解决。例如，在政府方面，管理观念的转变尚未达成，在社区管理人才方面，缺乏有经验的新型社区工作者；在社区治理主体多元化上，市场的参与度仍然较低，物业管理公司与社区的关系并不顺畅等。正是基于以上这些尚未解决的问题，“清河实验2.0”就此埋下伏笔。

① 具体包括居民社区参与、增加社会资本、有效配置公共资源等。

（二）“清河实验2.0”阶段

为了进一步巩固和提升清河街道社区治理取得的成果，“清河实验2.0”应运而生。与“清河实验1.0”不同的是，“清河实验2.0”在总体目标上发生了以下变化。第一，在设立议事委员会的基础上，推动试点工作向制度化方向转变，充分激发多元主体共同参与社区治理的热情。第二，对现有社区的发展情况进行了实地调查，了解社区空间规划上存在的问题。第三，提高社区居民的生活质量。在“清河实验2.0”阶段，主要解决的是社区养老问题。因此，课题组在“清河实验2.0”的改革规划上，仍然遵循“清河实验1.0”中的工作思路，从巩固议事机制与社区提升两方面入手。

1. 巩固议事机制

在课题组的帮助下，第二批试点社区的议事委员会成立了，相关工作机制也建立起来了。在这里，我们不进行过多的介绍。

2. 社区提升

“清河实验2.0”跳出了“清河实验1.0”中以专家为主导的社区规划思路。例如，从改造深化文化空间入手，打造社区自我提升的“规划师制度”，重点协助老旧社区探索社区建设的新途径；“自上而下”与“自下而上”双轨交互同行，充分发挥社区居民在社区规划中的作用，建立参与式社区规划模式。

本次社区提升工作的改革着眼点是“如何建立社区养老服务

体系"。为此，课题组再次选取了试点社区，探索如何建立实施社区文化养老、互助式养老等新型社区的养老模式。

养老问题的解决方案主要包括以下两个方面：一是对社区养老与环境改造进行评估，分析社区养老状况；二是积极探寻互助式居家养老模式。课题组还将社区治理与空间治理相结合，提出了社区议事协商、社区啄木鸟计划和社区规划师计划等项目，以便实现居民自治与社区共治的双向建设目标。

"清河实验2.0"重视的是如何强化社区居民的集体认同感，试图通过共建、共治等路径来达到共参、共享的目的，建设新型人文社区。

课题组通过前期的实地调研得知，阳光社区的居住环境和经济条件相对较差，因此，课题组将议事委员选举之后的实验工作放在阳光社区。课题组的工作主要是培训议事委员、完善民主协商机制、整治社区环境等。

第一，培训议事委员。课题组创办了《走近阳光》社区简报，通过简报向居民宣传议事信息。在简报中，课题组将议事委员会作为居委会的组成部分。设立议事委员会的目的在于增加居委会的代表性，恢复居委会作为居民自治组织的基本功能，议事委员会与居委会的职能差异在于：议事委员与已有的居委会成员由两部分人组成。课题组还对相关问题进行了明确说明，让社区居民对社区议事委员会有一些基本的了解。

2015年3月初，课题组对议事委员和部分居民代表进行了培训，主要内容包括居民建议征集方法、居民动员与信任构建、议事流程及规则、工作推进和监督方法等。2015年3月中旬，在海淀区清河街道办事处的支持和监督下，议事委员和居委会成员一起召开了议事讨论会，并且都做了相应的记录。在课题组的帮助下，阳光社区创建了完善的议事机制，即“征集需求→提出议案→召集会议→确定方案→街道参与→预表决→公示草案→上报街道→形成决议”。这一机制为居民积极建言献策与合理表达需求提供了通道，进一步提升了社区的治理能力。

第二，完善民主协商机制。2015年3月，阳光社区开展了大型的居民讨论会。在阳光社区党组织、居委会以及课题组的共同努力下，召集到了70多名热心居民，举行了两次“社区服务民主协商讨论会”。在这两次讨论会中，一共征集到74个项目。参会人员经过民主投票，从这74个项目当中选出5个居民认为急需解决的项目，分别是：活动室的建造、自行车棚的建造、垃圾处理、社区绿化和文明养犬。讨论会通过小组协商，出台了相关解决方案。

第三，整治社区环境。经过第一次的“社区服务民主协商讨论会”，居民基本达成共识。对于社区环境，居民迫切需要解决的是社区的绿化问题。为此，在居委会和课题组的共同努力下，“阳光社区环境绿化议事会”顺利召开。本次议事会由社区议事委员和环境设计人员共同参加。

课题组邀请了清华大学的环境设计人员，对社区进行了专业的绿化设计。会后，议事委员们带领会议人员对小区进行了实地考察，就环境改造等问题提出合理的建议，并且确定了初步解决方案。

3. 对下一阶段的要求

虽然"清河实验"进入了第二个阶段，开始重视人文环境建设，但在社区议事协商、社区民生与养老、社区空间治理等方面仍有待提高。为此，2019年，课题组从以上三个方面入手，提出了下一阶段的要求。

第一，完善议事委员会，加强社区协商制度建设。主要工作包括以下三个方面。其一，启动并完成对清河街道各个社区治理情况的调查工作，掌握了各个社区现有的治理情况与现实问题。其二，协助清河街道完成各个社区议事委员的选举工作。其三，组织开展社区协商治理活动。例如，关于社区公益金的使用问题，开展了群体性的协商活动，并设立了公益金的使用规范。

第二，加强文化空间建设，推行社区规划师制度。主要工作包括以下两个方面。其一，建立社区规划师制度，社区以招募与培训的形式，将社区规划师引入自治项目当中。其二，对清河街道辖区内公共资源展开调查，摸清辖区内现有公共资源的使用情况。

第三，加强社区组织孵化工作，推行“社区啄木鸟”项目。主要工作包括以下三个方面。其一，扩大主体的范围，提升社区成员的积极性。比如，社区党委书记可以作为活动的召集人，召集社区志愿者。同时，通过说明会或其他活动形式，简单了志愿者的专长与兴趣，并进行合理分工，让每一个志愿者的长处都能得到充分发挥。其二，构建“社区啄木鸟”活动平台。“社区啄木鸟”也就是社区志愿者，街道可以作为“社区啄木鸟”的公共平台，负责“社区啄木鸟”的能力培训与资格认证，从而有效提高“社区啄木鸟”工作能力和素质。其三，落实“小小啄木鸟”计划。青少年既是未来社区治理的主体，也是精神文明建设的对象。在青少年中当招募“小小啄木鸟”志愿者，不仅能让他们从实际行动中养成自我管理与为社区服务的价值观，而且能够提高他们的主人翁意识。

二、组织“再造”与社区提升

回顾“清河实验”的发展历程，我们可以看到，组织“再造”与社区提升始终是社区治理的核心内容。“清河实验”的成功遵循着的是一种怎样的理论逻辑，而这套逻辑又是如何与中国当前的社区治理状况相结合的呢？ 因此，我们将从理论层面探讨以下问题：组织“再造”和社区提升的内涵，以及两者之间的关系。

（一）组织"再造"的理论逻辑

1. 多元主义与法团主义

在社会组织问题上，学界主要存在多元主义与法团主义两种理论。多元主义强调，立法机构、行政机构、司法机构等需要保持一定的开放性，为各种利益集团提供表达自身意见以及维护自身利益的途径。与之相反，法团主义强调的是，国家应该高于多元化的社会团体，国家在社会活动中应该发挥主体作用。施密特认为，法团主义是一个利益代表系统，这个系统由一些组织化的功能单位构成，它们进行组合，进入一个有明确责任和义务的、数量限定的、非竞争性的、有层级秩序的、功能分化的结构中。这个系统得到国家的认可，并给予代表相关的权力。作为交换，这个系统在需求表达、领袖选择、组织支持等方面受到国家的相对控制。[①] 因此，法团主义者认为，每个团体利益的表达和实现都必须服从国家的整体利益。法团主义中的利益群体在维护自身利益的同时，仍然需要负担起自身的公共责任。

2. "清河实验"中组织"再造"的理论逻辑

学者将中国的发展归为法团主义的应用。那么，在"清河实验"中，社区提升是否是完全依照法团主义的理论逻辑呢？

"清河实验"的本质是平衡党、国家、社会和市场这四者之

① Schmitter P C. Still the Century of Corporatism?[J]. Review of Politics, 1974, 36 (1): 85-131.

间的关系。政府在其中虽然起主导作用，但维护的仍然是民众的利益，强调的是如何转变治理方式和治理思维，如何充分调动民众的积极性。因此，如果从施密特的观点出发，强调的是国家在利益表达、领袖选择、组织支持等方面对社会组织的控制。[①]根据这一特征，"清河实验"是不相符合的。在中国社会，社区治理既不同于多元主义，也不同于法团主义，而是由各方扮演着各自结构性的角色参与其中的，中国的社区治理问题更像是如何在党、国家、市场、社会这四者之间探寻平衡点的问题。

改革开放以后，中国逐渐由计划经济向市场经济转型，传统的政治团体和经济团体也逐步走向衰落，这一部分产生的空缺也由新的社会性团体进行了"二次填补"。那么，什么是社会性团体呢？社会性团体是指由具有共同利益的民众自愿结成的团体组织。[②]因此，参与者之所以愿意参与社会性团体，是因为它们有着共同的社会生活和利益。它们渴望以某种群体或组织的形式来表达自身的诉求，以便维护自身利益。

在中国社会，多元的社会性团体不断涌现，社区居民的需求也在不断变化。然而，原有的社会基层治理组织中的功能不能及时更新，经常会出现个人利益与国家利益相互冲突的情形。政府想要了解社会整体的发展状况，准确把握民众的诉求，就要向一

① 张长东．社会组织与政策协商：多元主义与法团主义之辩[J]. 浙江学刊，2017（1）：38-48.

② 王思斌．社区建设中的中介组织培育[J]. 北京行政学院学报，2001（1）：6-7.

些社会性团体进行咨询，使其发挥传达民意的功能。

"清河实验"中的社区组织"再造"既不是完全的法团主义理论下的社会组织"再造"，也不是多元主义下的社会调整。"清河实验"其实是党、国家、社会、市场这四者关系的再平衡。

（二）社区提升的内在逻辑

1."社区提升"的概念及特点

社区提升是指通过不断提高社区自治组织的合法性与代表性，提升社区管理主体对社区发展状况的应对能力，在综合科学评价社区发展状况的条件下，提升社区治理的工作成效，最终打造居住环境有品质、民生关怀保障有温度、社区治理有活力的人文新型社区。

首先，从社区提升的特点来看，社区提升的主体具有合法性与代表性。社区提升主体的合法性源于政府的参与。社区提升的主体有着广泛的代表性，其代表性源于社区主体的多元化。过去，在以政府为主导的社区治理活动中，政府始终处于"一言堂"的地位，民众的需要与政策的贴合度有待提高。现在，越来越多的民众为了自身利益和公共利益，积极参与到社区治理当中。

其次，社区提升强调社区治理活动的科学性，如治理前的调研、治理中的调控、治理后的评估等。以往的社区工作往往建立在“先推后拉”的模式下。然而，社区提升强调的是，在政府的领导下，利用科学的评价体系，通过对社区居住环境、民生保障、治理措施的科学评估，主动发现、探索、解决社区工作中出现的问题。

最后，社区提升要实现的目标是打造全方位、互动性强的社区治理系统。因此，社区提升要重视发挥每一个参与主体的作用，同时重视每一个主体的反馈意见，并做出相应的调整。传统社区治理中的基层协商制度已经关注到党、政府、社会和市场在社区治理中的作用，但在四者的联动过程中，因为各种制度与驱动因素的差异，所以各方作用没有得到充分发挥。因此，社区在充分重视四者之间互动关系的同时，努力打造联动机制，将各个部分的资源优势发挥出来，实现最后的“善治”。

2. 社区提升的内容

从社区提升的目标来看，最终要实现的是“善治”，那“治理”与“善治”又包含什么内容呢？

尽管学界对“治理”的定义并没有统一的看法，但我们可以总结出以下几个基本特点：第一，治理行为的主体具有多元化，即参与治理的主体既可以是政府，又可以是民众；第二，治理是一个动态的发展过程；第三，治理建立在相互合作、相互协调的基础上，并对公共事务进行管理；第四，治理不是一种正式的制度，需要各种要素相互作用。因此，治理就是对公共事务管理机制的制度创新。[①]

治理既包括政府的相关机制，又包括一些非正式机制。各类主体借助这个机制来实现各自的愿望。治理打破了公共领域与私人领域的界线，把有效管理看成是两者的合作、互动过程，试图建立起公共事务管理的全新范式。[②]

社区提升是社区治理的一种方式。社区提升主要包含以下内容:第一，涉及人文和地理两方面的内容，既包括价值认同与情感归属，又具有一定的地理边界;第二，涉及体系内部的互动;第三，社区提升的动力不局限于内部，也有外部力量的参与。

3. 社区提升的理论基础

要实现社区提升，资源便是社区提升的物质条件。资源相互依赖理论认为，外界环境对任何组织都会产生影响，而任何组织对外界环境也具有一定的依赖性。因此，各组织之间便形成了相互依赖关系。

任何组织都不可能完全拥有达成目标所需要的所有资源，因为不同的资源是由各个组织掌握的。因此，组织为了达成目标，必须与外界展开合作。至此，各自互相需要的资源便成为组织之间往来的“桥梁”。

豪(Hall)认为，组织会受到外在环境的制约。因此，组织

---

① 俞可平. 治理与善治[M]. 北京:社会科学文献出版社，2000:5.

② 张凤阳. 政治哲学关键词[M]. 南京:江苏人民出版社，2006:316-318.

的结构及其活动方式必须结合环境因素来分析。① 为了维持其生存，组织必须引进、吸收、转换各种资源，而这些资源往往来自环境中的其他组织，组织之间的资源依赖网络因此形成。在萨德尔（Saidel）看来，政府与社会组织的关系不是单方面的顺从与服从的关系，它们都掌握着对方生存和发展的重要资源，并且形成了资源依赖关系。②

除了社会捐赠、社区内部筹款、经营收益等途径，政府便成为开展社区活动，实现社区提升的重要主体。社区组织从政府那里获得资源，包括人力资源、物力资源、财力资源、宣传媒介等。社区作为基层组织单位，对维护社会发展和国家稳定起重要作用。

4.“清河实验”中社区提升的三个阶段

在“清河实验”中，社区提升经历了以下三个阶段。

第一，社区提升的准备阶段。在社区提升的过程中，首先要回答的问题便是：社区提升的主体是谁？毫无疑问，社区提升的主体是社区基层组织。无论是过去还是现在，社区基层组织要考虑的问题不是合法性问题，而是代表性问题。

利益分化带来了社区治理对象的多元化。传统的社区基层组

① Hall R. Organizations: Structure, Process and Outcomes[M], New York: Jersey Prentice Hall, 1991: 278.

② Saidel, Judith R. Resource Interdependence: The Relationship Between State Agencies and Nonprofit Organizations[J]. Public Administration Review (1991): 543–553.

织在处理社区问题时，对新型社区治理对象及问题缺乏了解，导致社区基层组织的代表性不足，无法充分反映多元主体的利益要求。因此，对传统行政管理组织而言，开展社区提升的前提便是提升自身的代表性。在"清河实验"的过程中，增强社区主体的合法性与代表性，成为一项非常重要的工作。

第二，社区提升评价阶段。在增强社区治理主体的合法性与代表性的基础上，就进入社区治理的实操阶段。在这一阶段，要回答的问题包括：如何治理？要治理的问题有哪些？治理后的效果如何评价？因此，建立一整套科学的评价体系便成为社区提升的重要工作。

在"清河实验"中，社区提升的总体目标是，营造和谐的社区环境，打造的是居住环境有品质、民生关怀保障有温度、治理创新有活力的人文新社区。因此，在"清河实验1.0"阶段，课题组邀请清华大学相关专家设计了社区硬件条件的提升方案；而在"清河实验2.0"阶段，则由课题组协助社区解决社区养老问题。

第三，社区治理联动机制的完善阶段。社区治理与提升应当具有持续性和联动性。因此，社区必须建立稳定的提升机制。在社区治理过程中，最重要的是建立社区主体间的联动机制。在"清河实验"的最后收尾阶段，很多的社区提升方案都不是课题组提出的，而是由社区居民提出的。

（三）组织“再造”与社区提升之间的关系

结合上文对“清河实验”的理论探讨，我们可以看到，组织“再造”与社区提升之间是紧密联系着的。在组织“再造”方面，社区从治理结构、治理规则、治理程序等方面进行了“再造”；在社区提升方面，社区从议事代表、议事议程、具体议程设置等方面入手，帮助社区管理者熟悉制度、流程和技术。

社区提升与否，取决于社区组织的适应性。要实现社区提升目标，社区组织工作需要具备一定的嵌入性和专业性。嵌入性是指社区组织在社区的嵌入程度，① 专业性是指社区组织处理社区治理问题的专业能力。②

组织“再造”对社区提升具有重要意义。社区组织缺乏嵌入性，就会失去社区代表性，民众提出的问题将无法得到解决，议题无法得到落实。社区组织缺乏专业性，就不具备解决问题的能力与手段。因此，社区对议事委员会的管理结构、议题设置、议事规则等进行了“再造”。而在社区提升能力方面，课题组对议事委员进行了培训，为社区机制的良好运行提供了保障。

① “嵌入性”概念是社会学领域的经典概念之一，其含义和用法有很多。在这里，我们强调的是社区组织在社区内部网络的融入程度。

② 向静林．结构分化：当代中国社区治理中的社会组织[J]．浙江社会科学，2018，263（7）．

三、"清河实验"经验总结

（一）社区提升工作方法——"一扩、二评、三善"

1."一扩"

"一扩"是指在承认原有基层组织的基础上，调整现有组织的人员结构，并扩大其功能和权限，将更多的权力下放给社区。社区治理的根本性变革源于城市基层权力体系的重构和优化。社区治理的根本目标是要建立完善的治理结构，通过不断扩展、完善基层治理网络，解决政府失灵与市场失灵可能带来的问题。①

社区组织是构成社区的基本单元。当前，城市社区组织主要包括政府组织、政党组织、企事业单位、社会团体和居委会等。"一扩"要做的正是重视这些新出现的社区团体。通过对社区团体的合法管理，能够提升这些团体的合法性。此外，扩大对这些社区团体的管理，也就是在帮助政府及时掌握情况、解决问题。

在课题组的调研中，以公益金为代表的公共资源闲置了多年，主要原因在于政府"不去问"，居民"不去说"。因此，为了让基层社区将自己的诉求及时反馈给政府，提高社区组织的代表性是最关键的一步。通过选举议事委员，搭建居民、居委会、物业管理公司与街道共同沟通的平台，实现政府与社区的良性互动。

① 谢金林. 城市基层权力变迁与社区治理的发展——基于国家—社会关系的视角[J]. 云南社会科学，2011（4）：20-24.

2.“二评”

要开展社区提升工作，就必须对社区内部的实际情况进行评判。因此，对社区内部的情况进行评判，成为社区提升的关键。

从“清河实验”两个阶段的目标来看，第一阶段着眼于社区治理创新、城市空间优化与社会服务保障；在第二阶段，总体目标确定为：打造居住环境有品质、民生关怀保障有温度、治理创新有活力的人文新社区。因此，课题组设计出了社区提升的评价指标。例如，在居住环境指标的设计中，社区绿化覆盖率、环境卫生公共满意度、体育生活化社区覆盖率、区域环境噪声平均值等标准要包含在内；在民生关怀中，社区医疗、养老服务和文化教育应作为重点。课题组将居住环境、民生关怀、治理创新这三方面的工作要求作为社区提升的评估标准，并明确了社区提升的评估体系（见表5-7）。

表5-7　社区提升的评估体系①

一级指标	二级指标	三级指标
居住环境	社区绿化覆盖率	植被覆盖率，人均绿化面积
	环境卫生公共满意度	污水处理率，生活垃圾无害化处理率，垃圾运输达标率
	体育生活覆盖率	人均体育活动场地面积，体育设施数量
	区域环境噪声平均值	

① 参见：邬春仙等. 北京市民生统计与评价指标体系建设与分析研究. 北京市第十五次统计科学讨论会获奖论文集[C]. 北京市统计学会，2009：86-99.

（续表）

一级指标	二级指标	三级指标
民生关怀	社区医疗卫生	社区医疗机构数量，社区医生人员数量，社区医院床位数量，健康档案覆盖率
	养老服务机构	社区养老机构数量，社区养老床位数量
	文化教育	社区内文化活动场所数量，图书馆规模、文化活动开展数量
社区治理	社区组织创新	社区议事机构议案数量，议案来源，议案内容
	社区提升	居民自治活动开展的情况

3.“三善”

善治的本质在于充分发挥每个主体的作用，强调政府、社会、公民之间的合作，建立起三者之间的良性互动，共同管理社会生活。因此，为了实现善治，必须使政府、社会和公民三者之间保持互动。

第一，下放权力。治理强调的是“多中心”，对个人和社会要更加重视。因此，我们将治理看作是“将权力归还给社会”的过程。要实现社区的善治，必须“立足社区，权责下移”。

立足社区指社区组织将自己的行政职责负责到位。具体而言，主要包括以下几个方面。其一，每个社区要“定人定点”，即要将工作人员配置到社区。其二，社区工作要与社区发展紧密结合。其三，社区工作要落到实处。第四，每项工作要有评估和监督机制，确保“事前评估，事中监督，事后问责”。

权责下移是指行政部门将自己的权力进行下放。具体而言，权责下移包括以下两个方面。其一，从领导与被领导、命令与服从之间的关系，转变为指导与协助、服务与监督的关系。其二，行政部门有时会将一些具有社会服务性的任务委托给社区，此时，行政部门应当把相关权力下放给社区。更重要的是，在权力下放的同时，还要将职责下放，贯彻“权责一致，费随事转”的原则。

第二，发挥社会团体的力量。对社会团体进行管理是社区治理重要的内容。从外部环境来看，社会团体缺乏政策指导，缺乏稳定的资金来源。从内部环境来看，社会团体存在议事程序不规范、议题设定不具代表性、议题执行不合规等问题。因此，要实现“善治”，就必须对社会团体进行管理。社会团体作为与社区居民接触最为紧密的非政府组织，能够更好地反映民众的诉求，处理很多政府机构不方便处理的问题。

在社区治理中，涌现出一些志愿者，如“朝阳大妈”“社区交通协管员”“绿化监管员”等，他们在环境保护、社区卫生、社区文化等方面发挥了重要作用。他们与社区民众的生活紧密相关，能够及时回应民众诉求。

第三，调动民众的积极性。首先，要积极开展多样化的小区活动。例如，在“清河实验”中，课题组就发起了活动室建造、自行车棚建造、改善社区环境、文明养犬等问题的讨论。通过举办各种社区活动，能够增强社区居民的参与意识，增强民众对社区组织的信任。其次，要提高社区工作人员的能力和素质。社区组织要对工作人员加强培训，提高其管理水平和综合素质。最后，要提高社区工作人员的工资水平，对社区工作人员要从德、能、勤、绩四方面进行考核。

（二）"清河实验"中的限制性因素

无论是"清河实验1.0"还是"清河实验2.0"，实验主体和实验过程都具有一定的特殊性。因此，从"清河实验"得出的社区治理工作经验，必然存在一定的限定性。为此，社区工作者需要重点考虑以下因素。

1. 社区居民的政治知识存量

回顾"清河实验"的整体发展，实现社区治理提升具有决定意义的仍然是公民的实际参与。影响公民参与的因素主要包含以下三方面：第一，公民参与的主观意识；第二，公民利益表达的渠道；第三，公民的政治知识存量。对于前两个因素，可通过政策改革来提高，但对公民政治知识存量这一点，则需要进行长期的教育和灌输。

政治知识存量具体包括公民的参政知识储备、理性分析政治的能力、参与社区公共事务所需的基本政治技能等内容。社区居民自身的政治知识存量影响着社区居民的政治认知能力，并直接影响公民的正确评价与判断。在"清河实验"中我们可以看到，社区人员对政策的理解度、支持度都比较高。

当前，随着城市化进程的加快，一些农村转为城市新社区，“农转非”居民的政治知识存量往往不足。因此，即使这些新社区居民的参与度比较高，但如何更好地形成新社区居民、居委会、政府之间的良性互动，如何让社区居民有能力参与社区治理，仍是一个需要深入探讨的问题。

2. 社区治理的资金支持

社区能否获得可持续性的发展，其中一个关键问题是：能否为社区发展提供资金支持。在“清河实验”中，改革的重中之重是公益金的使用问题。正因为获得了公益金的支持，社区才能够聘用社区规划的专业人才。

3. 过程把控与结果评估

作为政府与高校间的合作项目，“清河实验”不仅得到了政府部门的大力支持，而且得到了清华大学的大力支持。政策在落实的过程中，重点在于过程把控与结果评估，这就需要某个主体来承担相关责任。这个主体不仅能够随时了解相关问题，还要具备解决问题的能力。在“清河实验”中，课题组不仅制定了“清河实验”的具体改革方案，而且对相关问题进行了分析和总结。然而，不是每个社区都能够配备这样的课题组。可以说，“清河实验”并不具有普适性。

第六章

案例分析：市场驱动下的深圳城市治理

第一节 深圳的城市化历程

深圳由宝安县发展而来。1979年3月，广东省为了加强对宝安县的领导，促进宝安县的经济发展，将宝安县改为深圳市。同年10月，深圳市设立了罗湖管理区。同年11月，深圳市改为省辖市，直属广东省领导。1980年8月，深圳经济特区正式建立，总面积为327.5平方公里。之后，深圳的城市化经历了初级阶段（1980—1990年）、拓展阶段（1990—2000年）和转型阶段（2000年至今）。

一、深圳城市化的初级阶段（1980—1990年）

首先，在经济发展方面，通过市场经济体制改革，深圳加快了工业化进程。在特区建立之初，深圳提出了“四个为主”的经济发展思路：建设资金以引进外资为主，企业结构以发展外资企业为主，产品销售以外销为主，经济活动以市场调节为主。

由于享有特区立法权和单行经济法规制定权的优势，深圳以香港制造业转移为契机，通过推行优于港澳和内陆地区的财税政策、土地有偿使用政策、特殊的信贷政策、率先发行股票政策等，吸引了以港资为主的外资企业，初步实现了从传统农业到工业化的转变。

其次，在社会管理方面，深圳取得了巨大成绩。因为深圳具有优越的劳动力制度和开放、包容的社会环境，所以当时社会出现了“百万劳工下深圳”的现象。深圳通过推行针对境外人士的灵活入境政策、方便劳动力自由流动的合同工制度等，努力发展经济和贸易。深圳因此成为国内最早集聚打工者的城市之一。同时，深圳的民营企业获得了巨大的发展，华为、金蝶等企业均在这一时期创立。

1984年，深圳完成了特区建设史上的第一个总体规划，确定了深圳特区发展的空间结构和功能布局，并且首次提出建设特大城市的构想。20世纪80年代末，深圳吸取了香港的发展经验，建立起“三层次，五阶段”的规划体系，并且制定了《深圳市城市规划标准与准则》，具有划时代意义。

最后，在空间拓展方面，深圳开展了以市政建设为中心的大规模基础设施建设，形成了南山组团、中部组团、东部组团的发展雏形。成片出让、集团式开发以及由开发企业负责社会管理的模式，构成了深圳城市的多样化。由公共财政投资开发的大型居住区以及由地产公司开发各个大型商业楼盘，形成了独特的城市氛围和片区个性。20世纪80年代后期，随着经济实力的不断提高，深圳推动了包括深圳博物馆在内的八大文化基础设施的建设。此外，深圳还建成了深圳体育中心、深圳大学等。因此，“深圳速度”体现了深圳从计划经济体制中走出困境，全面建立起市场经济体制的奋斗历程。

二、深圳城市化的拓展阶段（1990—2000年）

1994年，国家进行了分税制改革，各地要求取消经济特区税收优惠政策的呼声越来越高。1994年6月，江泽民视察深圳，重申中央发展经济特区的决心不能变，对经济特区的基本政策不能变，经济特区的地位和作用不能变，鼓励深圳特区“增创新优势，更上一层楼”。

首先，在经济发展方面，深圳市政府开始了“二次创业”，主推高新技术产业。20世纪90年代初期，信息技术产业呈现出迅猛发展之势。当时，大规模的制造业开始向发展中国家转移，深圳出台了一系列推进高新技术产业发展的政策，鼓励发展技术密集、资本密集和知识密集的高新技术产业。民营企业在此阶段迅速发展，并且占据了深圳企业的半壁江山。

其次，在社会管理方面，深圳持续吸引劳动力，并适时调整劳动力结构。1992年，深圳出台了最低工资标准，率先探索最低工资制度。同年，深圳出台了《深圳市社会保险暂行规定》，率先探索“社会共济与自我保障有机结合”的新型社会保障制度。因此，深圳吸纳了大量的劳动力，形成一个富有活力的特大移民城市。同时，随着劳动密集型行业的萎缩，各个用人单位的招聘条件也快速提高，知识型和技术型人才进入特区的比重快速上升，体力型劳动者的比重大大下降。

再次，在规划引导上，深圳首次提出“全域生态”和“全域规划”。1996年的深圳城市总体规划明确了深圳作为“华南地区重要的经济中心”的地位。深圳首次将城市规划区拓展到了整个深圳地区，奠定了深圳特区内外一体化发展的基础。同时，深圳对建设用地和生态环境进行了统一规划，对特区周边的生态环境保护和生态系统建设起到了重要的引导作用。

最后，在空间拓展上，深圳开始推进农村城市化进程。1992年，深圳发布《关于深圳经济特区农村城市化的暂行规定》，开始实施农村城市化的土地统征工作。政府完成土地统征工作之后，通过了《福田中心区详细规划》，提出了深圳CBD功能定位和空间设计方案。1993—1996年是福田中心区市政建设最快速、最集中的阶段，福田中心区第一代商务楼宇建设正式启动。1998年，亚洲金融风暴导致多家港商退出投资项目，但深圳市政府却加快了财政投资的步伐，启动了福田中心区六大重点工程建设，包括市民中心、少年宫、图书馆、音乐厅、电视中心和深圳地铁一期工程。在这一时期，深圳开始大规模发展轨道交通，现代化的立体综合运输体系逐渐形成。深圳抓住了世界科技革命的历史性机遇，直接迈入信息科技时代。

三、深圳城市化的转型阶段（2000年至今）

2003年被认为是“深圳与香港合作的一个新的里程碑”纪念年。香港特区政府与中央政府签署了《更紧密经贸关系安排计划》（CEPA），深、港两地政府签署了《深港两地政府合作备忘录》及其相关协议，深圳皇岗口岸保持24小时通关……这些事件标志着深港合作进入了新阶段。但同时，深圳市委对深圳的发展做出了“四个难以为继”的判断，即土地资源、水资源、人口承载力和环境容量这四个方面出现了“难以为继”的状况。其中，土地资源问题最为突出。于是，深圳开始探索转型发展之路。

第一，在经济发展方面，深圳的发展格局比之前更大。2000年，深圳提出加快发展高新技术产业、现代金融业和现代物流业这三大战略性支柱产业。2003年，深圳在全国率先提出“文化立市”战略。至此，深圳逐渐形成以高新技术产业、金融业、现代物流业、文化创意产业为主的产业体系，深圳因此进入优化产业结构、参与全球竞争的发展新阶段。深圳的对外政策也从“引进来”转变为“走出去”。2006年，深圳出台了《深圳市实施“走出去”战略规划纲要》，首次把“走出去”作为重点发展战略。以华为、中兴、万科、腾讯、比亚迪等为代表的民营企业迅速发展，逐步形成“政府引导与企业自主发展并行，龙头企业领跑与广大中小企业跟随”的发展格局。

第二，在社会管理方面，深圳非常关注高素质人才的引进问题，探索科学的人口服务和管理体制。2000年，深圳放宽了“二线关”，为高素质人才的引进创造了条件。同年，深圳出台了《深圳市政府关于鼓励出国留学人员来深创业的若干规定》，制定优惠政策，以吸引海外人才到深圳创业。2007年，深圳成为中国内地第一个实现了“全民医保”的城市。2008年，深圳开始实施《深圳市居住证暂行办法》，率先探索科学的人口服务和管理体制。2010年，深圳市常住人口首次突破了千万，其中非户籍人口的比重为75.8%。

第三，在规划引导方面，深圳的发展思路更加超前。2002

年，深圳制定了《深圳2030年城市发展策略》（以下简称《深圳2030》）。《深圳2030》的主要内容包括：深圳的城市发展要由速度规模型向效益质量型转变，由注重城市功能和空间布局向全面统筹和协调转变；提出“建设可持续发展的全球先锋城市”这一战略目标，并把香港作为战略性合作伙伴；提出差异化的分区发展策略，强调了珠江东岸沿线的战略意义，并提出前海中心规划设想；创造性地提出持保基本生态控制线的生态安全体系。

在《深圳2030》的指导下，深圳于2010年提出的城市总体规划成为我国转型时期的城市总体规划的先例。经国务院批复，深圳明确了自身作为“我国的经济特区、全国性经济中心城市和国际化城市”的地位。2010年规划提出了“严控新增，盘活存量”的城市空间发展策略，并首次确定了深圳“双中心”（前海中心和福田中心）的城市结构，提出要将前海地区发展成为新的城市中心，将其定位为“深圳发展的新增长点和深港的新对接点”。

深圳市政府还制定了《深圳市人民政府关于进一步加强土地管理推进节约集约用地的意见》以及配套的《深圳市土地储备管理办法》等有关土地管理的七项政策文件，这些文件统称为“1+7文件”。2005年，深圳正式实施《深圳市基本生态控制线管理规定》，在国内首次划定基本生态控制线，进一步加强了对一级水源保护区、风景名胜区、自然保护区等地方的保护工作，确定了城市发展的边界。

第四，在空间拓展方面，深圳全面推行特区内外一体化发展。2004年，宝安、龙岗两区的农村城市化进程全面铺开，深圳因此成为中国内地第一个没有农村行政建制的城市。深圳的交通设施一体化进程加快，城市轨道交通开始通到关外，高速公路建设集中在关外，四大新城[①]的建设提速，城市基础设施和公共服务设施进行了均等化配置。

此外，特区内的城市更新速度加快。自2004年开始，深圳向旧居住区、旧工业区、旧商业区和旧工商混合区进行了改造，地点包括华强北地区、八卦岭工业区、梅林工业区、南山工业区、蛇口工业区、岗厦村、渔民村等。2009年，深圳开始实施《深圳城市更新办法》，在释放土地空间、集约高效利用土地资源方面进行了有益探索。2012 年，深圳土地利用率出现拐点，存量用地供应占供地总量的56%，首次超过新增供地。在“四个难以为继”的约束条件下，深圳率先走出了一条具有深圳特色的转型之路。

① 深圳四大新城是指大运新城、坪山新城、光明新城和龙华新城。

第二节
深圳城市化进程中的人口治理

深圳在40多年的时间里创造了城市建设的奇迹。深圳从人口仅有31万的边陲小镇发展成为实际人口超过2000万的国家中心城市，从一个以农耕为主的乡村发展成为人均产值过万的现代化创新中心，堪称“平地生都城，当惊世界殊”。

社会是一个处于演进过程中的复杂网络，由于外在复杂的环境以及社会主体的多样性与不确定性，人口治理就成为一项极其复杂的系统性工程，而进行人口治理的基础就在于确立和谐、有序的治理格局，即实现整个社会的融合。实现社会的融合是大型城市面临的重要课题，而这一课题在深圳的城市建设中显得尤为重要。一方面，深圳是一个典型的移民城市，来自国内外的各类人群在这个国际化城市中彼此交融和碰撞，多元化的身份类别、多样化的利益需求、差异化的价值观念等因素既是深圳社会治理的潜在优势，也是其面临的严峻挑战。市民是社会治理最小细胞，如果不能处理好市民之间的和谐共处问题，将会给社会秩序的维护、城市的基本管理产生不利影响。

从40多年的发展历程来看，深圳不仅有效应对了这种复杂局面给人口治理带来的严峻挑战，而且充分利用了这种潜在的优势，实现了深圳的社会融合。那么，深圳如何在如此短的时间内完成了发达国家需要几百年时间才能完成的社会融合问题呢？深圳做了什么？原因在哪里？我们首先从现象入手，进而回顾深圳社会融合的历程，总结深圳在社会融合方面的重要举措，最后对其做法进行分析和评判，形成具有深圳特色的发展经验。

一、新城建设的人口流入

如果说经济的腾飞为深圳吸引了来自全国各地的人口，那么社会治理的创新发展则为深圳留住了城市发展需要的人口。公共选择理论认为，人口流动的动力不仅来源于追求更多的就业机会和更高的经济收入，还来源于更好的福利保障。从这个角度讲，要对一个城市的经济和社会发展状况进行综合评估，人口就是一个非常重要的指标。

第一，深圳是中国人口增长最快的城市。改革开放以后，中国经济飞速发展，但我国的城市化水平却落后于经济发展水平。2013年，我国的城镇化率为53.73%，超过世界平均水平。如果以城镇人口占比来计算城镇化率，这个数值可能会更低。深圳始终保持着经济快速增长之势，同时实现了人口的快速增长。在1979年建市时，深圳的常住人口仅有31万；到2016年，深圳的常住总人口为1190万，实际人口突破2000万，年均增长率达到11.9%。图6-1显示了1979—2014年深圳与北京的人口增长速度。

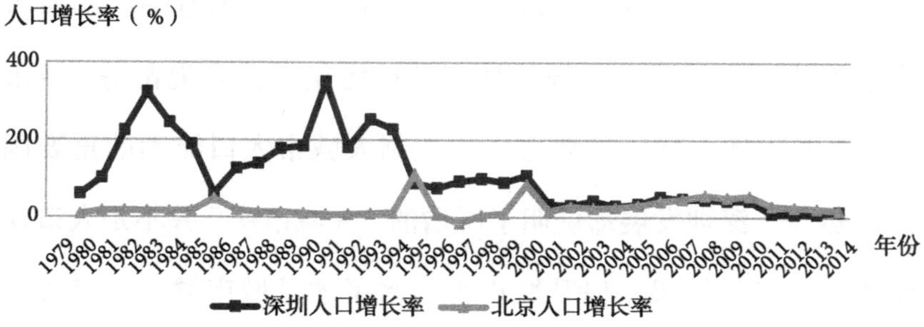

图6-1　1979—2014年深圳与北京的人口增长速度

资料来源：《2016中国城市统计年鉴》。

第二，深圳人口的增长主要是人口的机械增长。以1994年为例，深圳人口的机械增长数量占深圳人口增长总量的95%以上。人口的大量流入给深圳的经济增添了无限活力，也证明了深圳这个城市的开放性与包容性。图6-2展示了1979—2014年深圳人口自然增长与机械增长的情况。

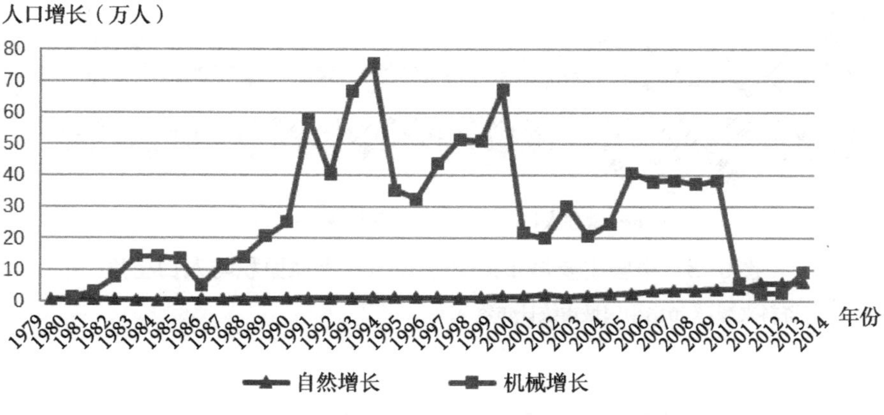

图6-2　1979—2014年深圳人口的自然增长与机械增长情况

资料来源：《2016中国城市统计年鉴》。

第三，深圳是中国人口密度最大的城市。随着中国的城市化进程的深入推进，交通拥堵、环境污染、治安混乱等“城市病”逐渐出现，环境承载力成为限制大城市人口流动的重要因素。然而，深圳发展却证明了所谓的“大城市病”并不是人口规模增长的必然结果，提升城市智力水平才是城市健康、持续发展的关键。从图6-3可知，包括省会城市、计划单列市、直辖市在内的大城市中，深圳的土地面积排在末位，但人口密度却是最大的。深圳每平方公里超过了5000人，比上海的人口密度还要高。

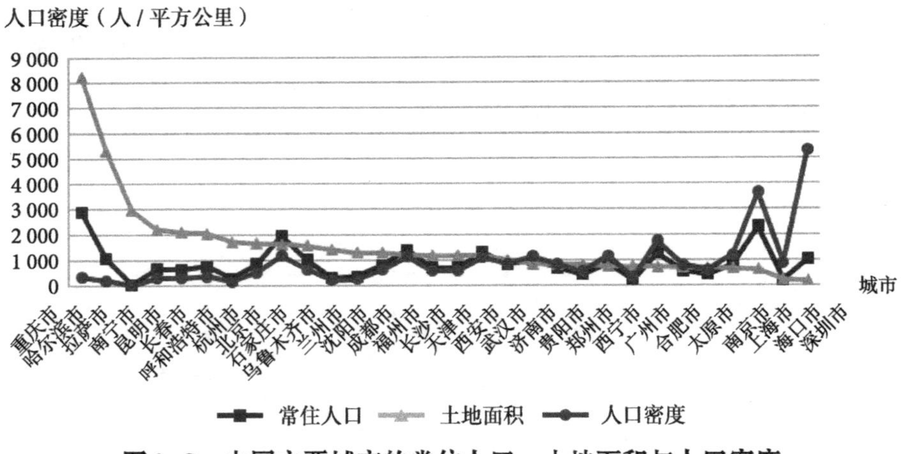

图6-3　中国主要城市的常住人口、土地面积与人口密度

资料来源：《2016中国城市统计年鉴》。

第四，深圳是非本地户籍人口比重最大的城市。深圳经历了快速的城市化进程，这得益于深圳开放的户籍政策。由图6-4

可知，深圳户籍人口所占的比重每年都在持续增加，而非户籍人口比重则持续降低。1979年，深圳的户籍人口仅为31万人。到2016年，深圳户籍人口达到405万人。这405万人当中自然增长的数量较少，这表明深圳具有很强的开放性与包容性。不断流入的人口为深圳这个城市的发展提供了充足的活力。

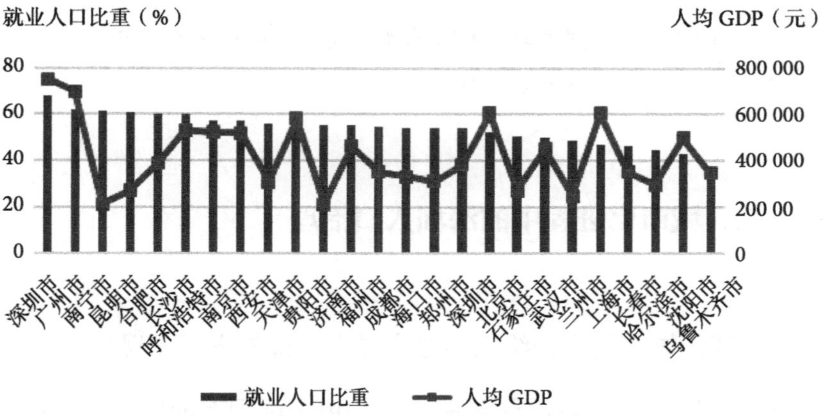

图6-4　中国主要大城市的就业人口比重和人均GDP

资料来源：《2016中国城市统计年鉴》。

第五，深圳是中国人均GDP最高的城市。从人均产值角度来看，深圳的优势十分明显（如图6-5所示）。自建市以来，深圳的经济发展成就举世瞩目，人均GDP从1979年的606元增长到2016年的1674万元，位居全国第一。也就是说，深圳不仅保持着较高的就业率，而且在经济发展效率、经济产业结构等方面保持着领先地位。

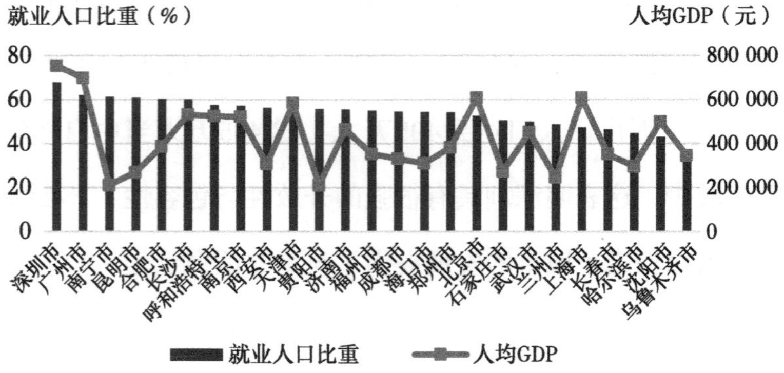

图6-5　中国主要大城市的就业人口比重和人均GDP

资料来源:《2016中国城市统计年鉴》。

二、城市化进程中的深圳人口治理

快速的城市化进程给社会融合提出的挑战主要体现在以下四个方面。第一，城乡边界问题。这是由中国固有的国情决定的。随着经济水平的提升和经济结构的转型，城市的发展必然会冲破城乡界限，从而改变中国原有的城乡二元结构。第二，户籍身份与社会融合问题。深圳素有“一夜城”之称，一个边陲小镇迅速发展成为国家中心城市，外来人口对深圳的贡献极大。现在，深圳“人口倒挂”的状态也是这种发展结果的重要体现，那么如何处理好户籍身份与社会融合的问题是深圳城市建设过程中的关键问题。第三，城市管理与社会融合问题。与农村相比，城市具有显著的集聚效应，这也表明城市化是人类社会发展的必然趋势。对深圳来说，如何管理好这座“流动中的城市”，是深圳社会治理工作的重要内容。第四，社区治理与社会融合问题。社区是市民生活的最重要的领域，社区的治理体现了整个城市的治理水平，社区治理体系的建设体现了整个城市的治理能力。如何能让多种身份、多种职业、多种诉求的人群在社区中和谐相处，也是深圳社会融合的重要课题。下面，我们对深圳的城市化进程中的人口治理工作进行分析。

（一）全面建设，实现城乡一体化

早在2004年深圳就实现了100%的城市化。从发展历程上来看，深圳的城乡一体化可以分成以下三个阶段。

1. 城市建设与产业转型的启动阶段（1980—1991年）

1979年，深圳的城市面积只有3平方公里，主要以农业人口为主。从1980年开始，深圳开始将农村的部分土地国有化，并引入以制造业和服务业为主的企业。在这一阶段，虽然土地性质发生了变化，但农村人口的户籍身份、农村组织以及农村集体资产没有发生变化。然而，随着深圳城市的发展，深圳农村人口也开始从传统农业转向了现代制造业和服务业。随着生产方式的变化，其生活方式、思想观念也发生了转变。

2. 城市建设与城乡一体化的深入发展阶段（1992—2003年）

随着深圳城乡一体化进程的推进，农村人口的“城市化”特征更为明显，但农村自治组织、集体经济的传统管理方式已经跟不上深圳快速发展的经济形势。因此，在这一阶段，深圳将农村人口转为城市人口，对农村集体经济进行改制，将村委会转变成为居委会。同时，深圳城市管理者开始意识到对“城中村”进行改造的重要性。

3. 城乡一体化的完成与持续深入发展阶段（2004年至今）

从2004年开始，深圳进一步扩大了城乡一体化的建设范围，注重提升城市的整体质量。

第一，在经济方面，对集体经济进行改制，构建起基于经济利益的网络结构。集体所有制性质的股份公司与社区工作站、居委会分离，由政府财政拨款进行社区建设。股份公司的成立，大大促进了“村改居”社区的转型。一方面，公司制经营增加了集体资产收益，促进了社区内社会资本的积累；另一方面，股份公司作为社区居民的连接纽带，不仅增强了社区的凝聚力，而且为社区治理提供了坚实的物质基础，弥补了政府补贴的不足。

第二，在组织结构方面，从村委会到社区组织，构建起居民共同参与的治理网络。乡村属于典型的生活共同体，村民彼此熟悉，相互信任，依靠村规民约来治理。而“村改居”之后，不仅要改变其乡土化的传统治理模式，还要设置包括社区党支部、社区工作站、居委会等组织在内的现代城市社区的治理主体。这些治理主体共同构建起了居民共有参与的治理网络。

第三，在技术方面，从落后到先进，构建起基于现代技术的社区环境。城市化不只是村民身份的转变，生产方式、生活方式以及文明理念等都要朝着现代化方向转型。为此，深圳加大了“村改居”社区的财政投入，加强社区环境、社区文化的现代化建设。此外，深圳利用智能设备，重点培育以社区、楼宇基础的“熟人圈”，同步建立社区反馈治理需求的信息交流机制。

（二）加快推进户籍制度改革

改革开放以后，中国的户籍制度改革在个别地区取得了进展，但总体来说，改革力度并不能满足经济和社会发展的需要。特别是在外来人口集中的大城市，户籍改革进展更加缓慢。

深圳市一直属于大城市户籍制度改革的排头兵，图6-6展示了深圳户籍制度的发展情况。2016年，深圳市政府发布了《深圳市人民政府关于进一步加强和完善人口服务管理的若干意见》及其两个配套文件，统称为“1+2文件”。这些文件成为“十三五”时期深圳市户籍管理的纲领性文件。文件中明确提到，“扩大户籍人口规模，确保各类人才无障碍入户，增辟居住社保迁户渠道，将长期工作和居住的存量非户籍人口有序转为户籍人口”。这种改革取向非常明显，即通过增加入户途径、降低入户门槛，逐步扩大户籍人口规模。

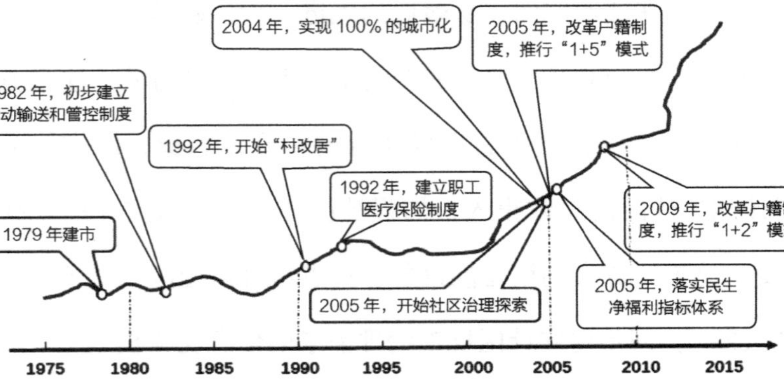

图6-6　1975—2015年深圳户籍制度的发展情况

1979年深圳建市之后，经济快速发展，城市迅速扩张。与此同时，深圳的户籍制度也经历了从无到有、从简单到复杂的演变过程（见表6-1）。

表6-1　1982—2016年深圳户籍制度相关政策列表

年份	政策文件	主要政策及其意义
1982年	《关于加强深圳特区范围内户口管理的暂行规定》	初步建立起入户控制和户口迁移工作机制。
1991年	《关于深圳经济特区内常住农业人口一次性“农转非”问题的请示》	解决了4.5万多名农业户口人员的“农转非”问题。
1991年	《关于进一步做好出境和入户审批工作的通知》	进一步规范公安部门的户籍管理工作。
1995年	《深圳市户籍制度改革暂行规定》	购房入户，符合标准，可以申请入户。
1995年	《深圳经济特区暂住人员户口管理条例》	将暂住人口分为劳务和非劳务两类；实施对“双高”人员和“三类企业”人员的入户计划。
1999年	《贯彻国务院省政府关于解决当前户口管理工作中几个突出问题的意见》	解决婴幼儿随父母落户、夫妻分居、父母投靠子女、购房入户等问题。

（续表）

年份	政策文件	主要政策及其意义
2002年	《深圳市办理人才居住证的若干规定》	吸引人才。
2003年	《深圳市招调迁户暂行规定》	技术技能迁户，政策性迁户，投资纳税迁户。
2005年	《深圳市关于加强和完善人口管理工作的若干意见》及其配套文件（即“1+5文件”）	这是深圳第一个完整的人口管理政策体系。文件明确提到，要稳步扩大户籍人口规模。
2008年	《深圳市居住证暂行办法》	实行居住证制度。
2008年	《中共深圳市委、深圳市人民政府关于加快建设现代产业体系推进产业转移和劳动力转移的若干意见》	加强和完善人口调控机制，减轻人口压力，促进经济与人口、资源、环境的协调发展。
2010年	《深圳市外来务工人员积分入户试行办法》	正式推行积分入户政策。
2016年	《深圳市人民政府关于进一步加强和完善人口服务管理的若干意见》及其配套文件（即“1+2文件”）	这是“十三五”时期户籍制度改革的纲领性文件。

资料来源:《深圳市志》（经济管理卷）和《深圳市志》（法制政务卷）。

在2010年之前，深圳户籍制度的演变可以分为以下三个阶段。

1. 奠基阶段（1979—1988年）

在全国户籍管理实行严格计划的大形势下，深圳并没有对外来流动人口实行严格的管控措施。深圳逐步建立起以户籍制度为中心的人口管理基本框架。这一时期也是深圳迅速城市化的阶段。1979年，深圳市的户籍人口为31万，农业人口占主体，非农业人口只有6.28万。到1989年，深圳户籍人口就迅速增加到了39.34万。如果以户籍人口中非农业人口占总人口的比重计算，1989年深圳的城市化率就达到了60.69%，远远高出全国平均水平。可以说，低门槛、高福利的户籍制度是深圳城市的发展需要，而这一时期的户籍制度也为深圳的户籍制度改革奠定了基础。

2. 包容性发展阶段（1989—2009年）

1989年，深圳非户籍人口增长到了99.13万，占常住人口的59%，首次超过户籍人口比重。1990年，深圳开始对人口进行科学化管理。随着1995年深圳蓝印户口制度正式实施，深圳初步建立起技术入户、投资入户、房产入户等入户机制。在户籍制度的功能逐步完善的过程中，深圳的经济进一步发展，劳动力市场进一步开放，社会保险和养老保险体系进一步完善，深圳户口的“含金量”也越来越高。

在2000年之前，深圳市户籍人口占常住人口比重持续缩小。2000年以后，户籍人口比重呈现逐步扩大的趋势。也就是说，户籍制度并没有成为深圳人口增长与迁入的障碍，在各大城市都在紧缩入户指标、严格限制落户的情况下，深圳市却逆势而为，实行较为宽松的户籍政策。深圳市这一时期出台的各项政策文件都明确提到了“稳步扩大户籍人口规模”。2005年颁布的《深圳市关于加强和完善人口管理工作的若干意见》及其5个配套文件（统称为“1+5文件”）构成了深圳第一个完整的人口管理政策体系，明确提到要稳步扩大户籍人口规模，对深圳的人口管理起到了重要作用。2008年实行的居住证制度，为之后推行入户积分制度奠定了基础。此时，深圳市的户政管理制度较为健全，外来流动人口可以通过各种途径实现落户。这样包容性的户籍制度极大地推动了深圳市的城市化进程。

3. 改革创新阶段（2010年至今）

2010年，深圳发布了《深圳市外来务工人员积分入户试行办法》（以下简称《积分入户办法》）。这是一项既依托现有的户籍制度又有边际突破效应的改良措施，打破了长期以来把户口作为城市公共服务分配依据的僵化局面。《积分入户办法》设计了一套新标准，并以此作为流动人口享受城市公共服务的依据。它为城市如何推进户籍制度改革和加强流动人口管理提供了新思路。与其他城市的积分制度相比，深圳在积分入户体系上的设计上最鲜明的特点在于加分条件更宽，加分途径更多。值得一提的是，与北京、上海等城市相比，深圳在积分入户体系中设置了针对低学历、低技能、低收入人群的社会公益加分指标。这类指标对申请人的学历和能力并无过高要求，筛选性很弱，考量的是申请人对流入地城市的热爱程度及其归属感。

2016年，《深圳市人民政府关于进一步加强和完善人口服务管理的若干意见》及其两个配套文件，成为“十三五”时期深圳市户籍改革的纲领性文件。在“积分制”的基础上，深圳户籍制度进一步细分出了“核准制”，户籍迁户的类别增加了“居住社保迁户”这个类别，并将“技术技能迁户”并入“人才引进迁户”类别中。这种包容性举措的实施对进一步提升城市化质量和城市综合竞争力具有重要意义：一方面，深圳市在城市人才竞争中占据先机；另一方面，进一步保障了非户籍人口的权益，弱化了户籍制度的工具性职能。

户籍制度是新中国成立后建立起来的社会管理体制。在几十年的发展过程中，户籍制度形成了巨大的制度惯性，但因为制度本身具有很大的黏性，诸多政治与社会制度都与之相连，这就增加了户籍制度改革的难度。回顾深圳户籍制度改革的历程，深圳之所以能够始终走在全国前列，主要原因是深圳在以下几个方面进行了开创性的改革。

第一，做到“只要落户，就是深圳人”。外来人口为深圳的经济发展与社会建设做出了巨大的贡献，而户籍制度的改革不仅给予了他们共同的“深圳人”身份，也切实让他们享受到了深圳经济发展带来的丰富成果，从而将户籍制度造成的“新二元格局”的负面影响降到了最低限度。

第二，不断降低落户门槛。从中国大城市的户籍制度改革实践来看，城市落户门槛的设置与城市经济规模和行政级别呈反比。也就是说，城市经济规模越大、行政级别越高，其落户门槛就越高。主要原因在于：大城市有强的民生财政作保障，可以让本地户籍居民享受到更高水平的福利待遇，但这也增加了外来人口的落户难度。然而，从深圳户籍制度的改革历程来看，深圳在建市之初就秉持着开放性的户籍制度理念，虽然中间有所波动，但整体看来，其落户门槛还是呈现逐步降低的趋势。这为深圳的社会融合做出了重要的贡献。

第三，逐渐弱化户籍制度带来的消极作用。户籍制度是我国基础性的社会管理制度，虽然其制度后果越来越不符合城镇化发展的需要，但它所提供的基本信息依然是政府做出重要决策的依据。然而，深圳的户籍制度改革并不局限于户籍制度本身，而是把着力点放在弱化户籍制度的消极作用方面，逐步缩减户籍人口与非户籍人口在权益和福利方面的差异，使外来人口即便在没有获得本地户籍的情况下，依然可以享受到同等的待遇。

第三节
深圳城市化进程中的社会治理

一、打造“织网工程”

城市管理创新是维护城市基本秩序、提高城市运行效率的关键。特别是在深圳这个人口规模快速增长、人口流动极为频繁的新兴城市里，做好城市管理工作就显得尤为重要。随着深圳城市人口规模的膨胀、发展水平的提升，深圳的城市管理模式先后经历了以下三个发展阶段。

（一）传统城市管理阶段（1979—2003年）

深圳的城市管理的重点在于对流动人口的管理。在2003年之前，深圳将治安管理与房屋管理分开执行。其中，公安机关主要负责治安管理工作，房产管理部门主要负责房屋租赁管理工作。

（二）网格化管理的初始阶段（2003—2010年）

从2003年底开始，深圳决定按照“房户合一，以房管人”的模式，对原公安机关暂住人口管理人员和房屋租赁管理人员进行整合，重新设立了隶属于综合治理部门的市、区、街道、社区的四级综合管理机构。在全国，针对人口流动大、社会需求多、维稳压力大等问题，从2003年开始，城市的网格化管理逐步在各个城市铺开。2005年，住建部将深圳作为城市网格化管理的试点城市之一。2015年，深圳市共规划了1.6万多个工作网格，逐渐形成了“多网合一，一网多格；一格多员，全员参与；同格同责，同奖同罚”的网格化管理模式。街道干部、社区工作站干部、协管员、社区民警、楼管员等相互捆绑，负责对社会事务进行排查、解决和上报，基层治理更加精细化。

（三）“织网工程”的建设阶段（2011年至今）

2011年，深圳市委、市政府在《深圳市加强社会建设的决定》中提出部署“织网工程”，随后出台了“织网工程”的两份纲领性文件——《深圳市社会建设“织网工程”综合信息系统建设工作方案》和《关于推进社会建设“织网工程”的实施方案（试行）》。当前，深圳形成了“一库一队伍，两网两系统”，这给城市管理工作带来了极大的便利。首先，“织网工程”整合了众多信息资源，解决了“信息孤岛”问题。通过“织网工程”，深圳率先在全国建立了集人口、法人、房屋、地理信息于一体的公共信息资源库，其中包括1800多万人口信息、260多万法人信息、60多万栋房屋信息和1200多万套房产信息，推动了部门之间、市区之间的互联互通和信息共享；其次，“织网工程”整合了基层信息采集队伍，实行“一方采集，多方共享”和“采办分离”的工作机制，解决了基层多头采集、反复扰民、少报瞒报等问题。“织网工程”推动了基于大数据的决策应用系统，推动政府部门从粗放式管理和凭经验决策到精细化管理和科学决策的转变。

深圳的“织网工程”是我国城市网格化管理的新举措，将城市网格化管理的制度优势发挥到了极致（如图6-7所示）。通过细化治理流程，聚焦问题、需求和责任主体，形成了多种力量共同参与社会治理的机制。一方面，针对不同环节的社会治理问题，采用差异化、针对性强的办法，减少和规避“一刀切”的粗放型治理方式；另一方面，从发现问题到解决问题，形成了区、街乡、社区等各层级治理的闭环体系。

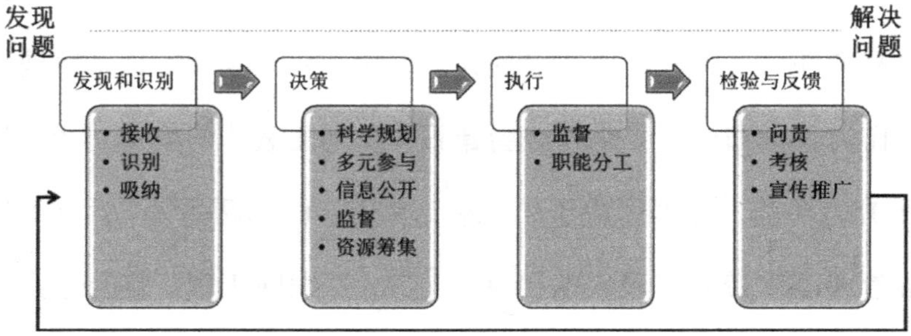

图6-7　深圳网格化管理流程

归纳起来，以“织网工程”为核心的城市网格化管理的优势主要体现在以下几个方面。

第一，建立了问题识别与决策执行相互分离的工作机制。问题识别与决策执行的分离可以有效提升治理效果。一方面，深圳按照“属地管理、街巷定界、规模适度、无缝衔接、动态调整”的原则，持续完善城市网格化管理，将城市社区划分为一定数量的基础网格，以此作为社区服务管理的基本单元，能够对城市动态信息进行及时、全面采集；另一方面，设立区级层面的信息接收和任务分拨中心，实现信息的有效汇总，在保证任务能够得到科学分配的同时，提升执行部门的工作效率。

第二，打破了行政部门之间“信息孤岛”局限。深圳开发建立了全市统一的流动人口和出租屋信息管理系统，并以此作为服务管理的业务支撑平台。管理部门利用这个信息系统，将采集登记的人口信息及时传送至公安机关，并以此作为人口与治安管理的重要依据。同时，通过全市政务信息平台，实现了与各部门的信息资源共享，为各部门提供了大量的基础信息。

第三，将管理与服务相结合。城市网格化管理的重要作用在于能够实时掌握城市的动态信息，但它也有可能出现管理僵化的局面，大大降低网格化管理的效率，与其设计初衷背离。针对这个问题，深圳将管理与服务相结合：一方面，组建社区网格员队伍，统一采集网格内的“四实”[①]信息；另一方面，为居民群众提供便民服务，提高居民对网格化管理的配合度与积极性。

①“四实”是指实有人口、实有法人、实有房屋和实有事件。

二、优化社区治理体制

社区是城市的细胞，社区治理水平的提升与民众的切身利益密切相关。深圳的社区建设实现了从传统社会管理到现代社会治理的优化升级，为提升深圳的社会治理水平打下了坚实的基础。深圳多项社区治理举措也在全国范围内得到了推广。可以说，深圳的社区治理为中国的社会治理积累了丰富的经验。深圳的社区治理过程大致可以分成以下三个阶段。

（一）从社区管理到社区治理的转型阶段（1979—2004年）

从1979年开始，深圳就开始了城市化进程，而这一时期在社区建设方面的工作主要是完善社区治理体系，并在“村改居”社区中逐步建立起现代社区治理体系。到2004年，深圳市实现了100%的城市化的目标，也基本完成了由传统社区管理向现代社区治理的初步转型。

（二）现代社区治理模式的建立阶段（2004—2008年）

2004年，深圳市委、市政府召开了全市社区建设工作会议，明确提出，要设立与居委会分离的社区工作站，实行“居站分设”体制。此后，深圳正式拉开了社区管理体制改革的序幕。此次改革的一项重要内容就是推行“居站分设”的社区管理体制。

社区工作站作为“政府在社区的服务平台”，行使原来属于居委会的部分职能；而居委会则定位于居民自治。到2008年3月，深圳的社区管理体制改革全面完成，进一步提升了各个社区的治理效能。

（三）现代社区治理的持续优化阶段（2009年至今）

从2009年到现在，深圳进一步完善了社区治理体制，比如：对社区养老服务、公共文化服务等开展了试点工作；改革社区组织管理体制；加强政府购买服务。社区虽小，但社区治理却是社会治理的根基。深圳社区治理的重要举措主要包括以下三个方面。

第一，实行“居站分离”。从法律角度上来说，居委会是城市居民的自治组织。但长期以来，“上面千根线，下面一根针”的社区体制使居委会出现严重的“行政化”，居委会失去了其原本拥有的职能。从2005年开始，深圳先后颁布了《深圳市社区建设暂行办法》和《深圳市社区建设发展纲要》，实行“居站分离”的社区治理模式，将居委会从繁重的行政事务中解脱出来，促使其恢复原有的居民自治职能。

第二，实行“一站多居”。2006年，深圳召开了社区建设工作会议，提出了“一站多居”方案。“一站多居”是指根据社区的实际情况，合理设置社区工作站，一个社区工作站为若干个居委会提供服务工作。经过“一站多居”的合理规划，深圳的基层行政资源得到进一步的整合与优化，不仅体现了居委会的自治职能，而且进一步理顺了街道与社区之间的关系，提高了基层行政组织的服务能力。

第三，培育和发展社会团体。发展社会团体是维持社会基本秩序的重要途径，也是充分发掘社会资源、积累社会资本的关键手段。在这方面，深圳具有独特的“大社会”优势。深圳市政府利用这种优势推行了以下重要措施：首先，通过“建立政府权力清单”的方式，清理出一些不该由政府承担的职能，给予社会团体充分的发展空间；其次，建立了社会团体管理体制，对其发展给予大力支持；最后，充分运用市场化机制，建立了合理的政府购买服务机制。

第四节
深圳城市化进程中的产业治理

深圳既是中国社会主义市场经济改革的先行者，又是市场化改革不断深化的试验田。深圳的成功是坚持市场导向的结果。深圳通过持续性的改革，逐步推进和提升市场化水平，逐步构建完善的市场体系，这是改革取得成功的关键。因此，执着于市场化改革，受益于市场化建设，成功于市场化发展，已成为深圳人的共识。深圳的市场化改革从未止步，深圳始终坚持以市场为导向，努力构建符合市场发展规律的体制和机制。深圳在实践中不断完善股份制、土地使用制度、金融体制等，积极引导各个产业的转型升级。深圳始终坚持依法治市，以人为本，激发改革发展的活力。在坚持不懈的改革中，深圳的市场经济不断完善，市场环境更加透明，形成了“良币驱逐劣币”的市场机制。

一、从低端走向前沿

随着市场经济的不断发展，深圳产业结构也在不断优化升级，这种优化升级不仅体现在“农业占比下降，第三产业占比上升”这一变化上（见表6-2），更重要的是，现代科技含量进一步提高，各个产业的竞争力不断增强。

表6-2 1980—2015年深圳产业结构变化

三大产业	1980年	1990年	2000年	2010年	2015年
第三产业占比	45.1%	51.1%	49.6%	53.7%	60.5%
第二产业占比	26%	44.8%	49.7%	46.2%	39.5%
第一产业占比	28.9%	4.1%	0.7%	0.1%	0%

深圳是我国首个没有农村建制的城市。虽然深圳的农业总产值在产业结构中的比重不足1%，但深圳的农业科技却在全国处于领先地位。目前，深圳是我国农作物新品种、新技术的研发基地。依托仅有的3万亩基本农田，深圳规划建设了国家农业科技园区，培育和发展了战略性的生物育种产业，构建了“产、学、研相结合，育、繁、推一体化”的现代化育种体系。目前，深圳已引进和培育了15个生物育种创新团队。

技术创新已成为深圳经济增长的首要推动力，深圳基本实现了产业升级和产业结构调整。首先，产业结构凸显“三个为主”①。截至2016年12月底，深圳的新兴产业对GDP的贡献率为53%，先进制造业占工业产值的75%，服务业占GDP的比重达到60.5%。其次，深圳的创新能力得到快速提升。截至2016年12月底，深圳的技术研发投入超过了800亿元，占GDP的比重提高至4.1%。深圳的国际专利申请量增长了50%，占了全国的一半以上。此外，深圳的战略性新兴产业和未来产业的增长达到

①“三个为主”是指经济增量以新兴产业为主，工业以先进制造业为主，第三产业以现代服务业为主。

10.6%，其中互联网产业的增长达到15.3%，机器人、可穿戴设备和智能装备产业的增长达到20.2%。无人机、新能源汽车等新产品的产量分别增长了60%和146%。新增国家级高新技术企业达到2513家，累计达到8037家。[①]

如今，创新已成为引领深圳城市发展的第一动力。截至2016年12月底，深圳拥有各类科研机构1200家，各类专业技术人员128.1万人；国家级高新技术企业5500多家，中小型创新企业3万余家；国际专利申请量连续12年居全国首位。沿着贸易、代工、模仿及授权生产、开发、创新这样一个顺序，深圳逐步实现了由应用技术创新向关键技术、核心技术、前沿技术创新的转变，由模仿式创新向源头创新、引领式创新发展。目前，深圳已成为国内战略性新兴产业规模最大、集聚性最强的城市，产业总规模超过2万亿元。

二、通过改革来推进市场化

深圳市场经济体系的发展历史，是一个从无到有、从有到强的“进化史”，也是一个从被动回应到主动规划的“行动史”，更是一个从自发到自觉、从实践到理论的“认识史”。

① 数据来源：《深圳市人民政府工作报告》，2017年。

（一）个人层面的改革

第一，打破铁饭碗，改革劳动用工制度。劳动用工制度是经济制度的重要组成部分。改革开放之前，深圳实行的是以“固定工”为主体的劳动用工制度，实际上就是“终身制”，实行平均主义，员工抱的是“铁饭碗”。这样的制度无法对员工形成有效的激励，同时打击了勤劳者和创造者的积极性，不能有效提高劳动效率。为了适应市场化改革，满足企业对劳动用工的需求，深圳从1980年开始，在三资企业中进行了劳动合同制改革试点工作，改革原有的“固定工”制度。随后，深圳又逐步对全市所有企事业单位新招的工人推行劳动合同制。这项改革有利于深圳与国际接轨，形成公平竞争的劳动力市场。

第二，改革工资制度，建立以市场为导向的劳动分配制度。工资制度改革与劳动用工制度改革需要同时进行。为了打破原有的固定工资制，打破平均主义，深圳率先在中外合资企业实行岗位工资制，工资收入和岗位挂钩。进入21世纪，深圳公务员工资制度改革、教师工资制度改革等持续进行。目前，深圳已经建立起以市场为导向的劳动分配制度。

（二）企业层面的改革

第一，推进股份制改革。在深圳的市场化进程中，股份制改革发挥了至关重要的作用，可以说，没有股份制改革的成功，就不会有深圳经济的腾飞。但在改革的最初阶段，关于股份制的争论是非常激烈的。就是在这样的大环境中，深圳开始进行股份制改革。1983年7月8日，在宝安县委的支持下，宝安县联合投资公司成为深圳第一家股份制企业。1991年，该公司更名为宝安企业（集团）股份公司。1991年6月25日，该公司在深圳交易所挂牌上市。

第二，建立现代企业制度。从1992年开始，深圳遵循党的十四届三中全会提出的“我国国有企业改革目标是建立现代企业制度”这一思想，国企改革从股份制试点工作转向了建立现代企业制度。1993年，深圳市政府提出，要以股份有限公司、有限责任公司、无限责任公司和股份合作公司四种形式来规范深圳企业的发展。1994年，深圳开始推进现代企业制度的试点工作。1994年4月，深圳出台了《关于选择部分企业进行建立现代企业制度试点的意见》，选择了35家企业，陆续颁布了16份规范性文件。深圳市政府明确规定，除特殊行业里的国有企业采用国有独资形式外，其他国有企业一律改造成为产权多元化的有限责任公司和股份有限公司，这样的改革具有很强的前瞻性。

第三，推进混合所有制改革，实现国有资本和非国有资本之间的有机结合。自中国共产党十八届三中全会召开以来，推进混合所有制改革成为新时期国有企业改革的主旋律。深圳积极创新混合所有制改革的方式，在引进战略性投资的过程中以企业实际需求为着眼点，推动企业引进符合自身需要的战略性投资，即通过公开挂牌、竞争谈判、择优选择等方式进行系统性运作，引入战略性投资。此外，深圳建立了企业投资管理的“正负面清单制度”，要求风险较大的投资必须在深圳市国资委备案。这类风险较大的投资项目包括：超过企业净资产50%以上的投资，资产负债率超70%的投资，境外投资等。深圳市国资委在放权的同时，建立了投资评估体系。

（三）体系层面的改革

第一，改革价格体系，让市场焕发生机。深圳特区成立后，在短短的几个月里就涌入了几十万人，而当时还是凭票证供应食品的年代。一时间，深圳各大粮店、食品店门口排起了长队。在商品短缺的年代里，想要发展市场经济，就必须推行价格改革。深圳市政府多次开会研究，如何取消票证制，推行议价购销制度。1984年11月1日，在充分研究的基础上，深圳市政府宣布，在深圳特区范围内放开粮油价格，敞开供应，取消一切票证，同时实行议价购销制度。由于措施得当，深圳取消票证制后没有发生大的风波。由于发挥了价格机制和市场供求机制的调节作用，深圳经济开始活跃起来，粮油短缺的时代一去不复返。在取消票证制后，深圳不断深化物价改革，完善物价管理法规，推行价格听证制度，保证公众的参与权和知情权。

第二，推进土地有偿转让制度的改革。1987年12月1日，深圳敲响了中国土地拍卖的"第一锤"，开启了中国历史上土地使用有偿转让制度的大门，成为我国土地使用制度上的一次革命。土地使用制度的改革，极大地促进了深圳城市建设，房地产市场的发展以及财政收入的增加为深圳改善基础设施和城市环境提供强大的物质保障。

第三，深化金融体系改革。从深圳特区建立之初，深圳市政府就高度重视金融业的发展，并把金融市场的建设放到优先位置。2020年，深圳率先建立与国际接轨的金融体系，基本建成金融机构集聚、多功能要素完备、营商环境一流的现代化国际金融中心城市。

（四）对技术创新的大力支持

第一，用法律手段保护企业的创新成果。创新需要大量的投资，还要花费大量的人力。可是，创新成果一旦推广，很容易被别人复制。因此，如果不想办法保护企业的创新成果，打击侵权行为，就不可能形成积极有效的创新机制。用法律手段保护企业的创新成果，保障企业的合法权益，是深圳市场化改革的一大特色。2017年出台的《深圳市关于新形势下进一步加强知识产权保护的工作方案》明确提出，"力争到2020年，深圳要率先在全国建立严格的知识产权保护制度，形成以司法保护为主导，以行政保护为支撑，以仲裁调解、行业自律和社会监督为补充的知识产权保护体系”。因为有了强有力的法律保障，深圳的企业在创新发展上取得了很大的成就。

第二，支持和鼓励科技创新。改革开放初期的深圳，经济基础极为薄弱，发展高科技产业无从谈起。然而，深圳从未放弃对科技创新的追求。进入21世纪，深圳坚持把自主创新作为城市发展的主要战略，把深圳从当年的“科技荒漠”发展成为生机勃勃的“科技创新绿洲”。深圳坚持推进人才引进战略，并于2010年10月率先推出引进高新技术人才的项目——“孔雀计划”。纳入“孔雀计划”的海外高层次人才，可享受80万—150万元的奖励补贴，并享受出入境、落户、子女入学、配偶就业、医疗保险等方面的待遇。深圳市政府对世界一流团队给予最高8000万元的专项资助，并在创业启动、项目研发、政策配套、成果转化等方面支持海外高层次人才创新、创业。

三、深圳产业治理的经验

我们从理论层面来阐释深圳成功的经验。例如，“小政府”并不是指政府的作用很小，而是指政府有所为或有所不为，不随意干涉市场主体的行为。深圳在产业治理方面积累了以下重要经验。

第一，坚持认识导向，以市场促发展。深圳推进市场化改革，很好地解决了对市场经济的认识问题。深圳坚持从实际出发，以市场促发展。深圳不仅在经济领域，而且在政府管理体制、社会民生、文化体制等领域无不践行着“解放思想，大胆实践”的理念。

第二，坚持改革导向，持续推进体制改革。首先，以问题为导向，持续推进经济体制改革。深圳从实际出发，对那些违背价值规律、阻碍生产力发展的旧体制进行改革，冲破旧体制的藩篱，为市场的发展创造条件。在经济特区建立初期，深圳就尝试在坚持社会主义基本经济制度的基础上，努力“跳出现行体制”，实现快速发展，成为全国推进经济体制改革的先锋。深圳按照市场需要和价值规律来引进外资，努力发展经济，推动经济管理体制和政府机构改革，实现政企分开。其次，坚持敢为人先的精神，全面推进改革。在改革开放初期，制度改革是一个循序渐进的过程，其中存在各种阻力，但深圳经过十多年的艰辛探索，到20世纪90年代中期，基本上摆脱了计划经济体制的枷锁，并且初步形成了以公有制经济为主体、多种所有制经济共同发展的所有制结构。

第三，坚持法治导向，构建以法治为基础的市场经济。首先，强化法治建设，着力构建法治为基础的市场经济。深圳以法律法规来规范市场主体的行为，处理市场矛盾和纠纷，努力构建以法治为基础的市场经济。市场经济也是法治经济。深圳自建市之日起，就有“特别能改革、特别能创新、特别能开放”的基因，而立法权是确保这种基因能够不断传承的重要武器。深圳善于利用立法权为市场经济的发展保驾护航。其次，深圳把法治化建设作为全面深化改革的突破口。法治成为深圳新时期最显著、最核心的竞争优势。深圳一直非常重视法律法规的确立和引领工作，立法具有很强的针对性，对保护企业合法权益、规范政府行为、鼓励创新等都有明确的规定。改革开放以来，深圳制定了200多部地方性法规和250多项政府规章，成为全国立法数量最多的城市。

第四，坚持企业导向，让市场主体活跃起来。企业是市场的主体，深圳在发展中始终围绕如何促进企业发展做文章，急企业之所急，想企业之所想。民营企业为深圳的发展做出了巨大的贡献。但长期以来，社会上对民营经济始终有一些非议，但深圳一直都在破除歧视民营经济的思想观念，对民营企业一视同仁，积极创造公平的市场竞争环境，并鼓励和扶持民营企业的发展。

第五，坚持社会导向，分享改革红利。深圳始终重视保护民众的权益，让民众充分享受到改革的红利。深圳坚持把提高民众福祉作为改革的落脚点，通过各种政策来提高民众的生活水平。民众是改革的推动力，改革能否成功，能否持续推进，关键看民众的意愿。只有在改革中充分考虑民众的利益，解决民众的切身难题，才能真正把民众吸引到改革的洪流中来，让改革的车轮不断前行。

第六，坚持市场导向，让“小政府”服务大市场。首先，正确处理政府与市场的关系。在市场经济条件下，政府不是指令性政府，而是服务性政府，既有所为，也有所不为。为，就是为了市场的发展，积极创造良好的市场环境和制度基础；不为，就是不随意干涉市场主体的合法行为，对所有企业一视同仁。深圳改革取得成功主要有以下五个原因，分别是：鼓励私企盈利，灵活的移民政策吸引了外来人才，重视知识产权的保护，打造了富有竞争力的制造业生态系统，建立了吸引人才特殊机制。此外，深圳的民营企业自力更生，不依靠政府支持，从而减轻了政府的负担。其次，大力改革旧体制。早在20世纪80年代初期，深圳就对影响企业经营活动的行政体制进行了改革，撤并了一批行政单位。深圳按照国际通用的指标体系，将国有企业划分为三大类，细分为九个级别，企业人员的相关待遇与企业的类型和级别挂钩。深圳对国有企业实行“动态管理”，促使其由过去的“官本位”转向“市场本位”。政府也由主要依靠行政手段来管理企业转向了依靠经济手段来管理企业。

第五节
深圳城市发展的包容性

民生即人民的生计，服务于人的生存和发展，民生产品就是服务于人的生存和发展的相关产品。然而，当前我国民生产品的供给存在供给不足、结构不均等问题。地方政府对公共产品的供给拥有不同的取向，这也是公共经济学研究的热点问题。一般来说，基础设施建设等“硬公共产品”能够带来GDP的显著增长，直接体现地方政府的政绩，而以科教、卫生等为代表的“软公共产品”则需要长期建设，并且回报周期较长，不能直接体现地方政府的政绩。因此，各地民生产品的供给与人民群众的实际需求之间始终存在着巨大的鸿沟。然而，深圳在民生供给方面始终走在全国前列，不仅用大量的财政投入、科学的管理方式持续提升民生供给水平，而且强化了城市的区位优势，增强了城市的吸引力，为城市的持续、健康发展创造了巨大的无形资产。

一、民生供给的均等化

改革开放以来，随着经济的飞速发展，深圳可支配的财力不断增强，在公共教育、医疗卫生、社会保障、就业服务等方面获得了巨大的发展，并且提升了公共服务的整体水平。公共产品的优越性主要体现在供给规模、供给种类、供给结构等方面。

第一，供给规模不断扩大。改革开放以来，深圳市的常住人口规模实现了快速增长。2015年，深圳的实际人口超过2000万，对城市基本公共服务供给提出了严峻的挑战。深圳包容、开放的人口政策为户籍与非户籍人口提供了基本对等的公共服务，因此，深圳的公共服务供给压力会更大。深圳加大了对公共服务的投入力度。以教育支出为例，从2003年起，深圳市的教育支出持续增长，教育占财政支出的比重也呈现逐年上升的趋势。2013年深圳的教育支出的比重超过了17%，这一数值已经超过了发达国家的平均水平（见图6-8）。

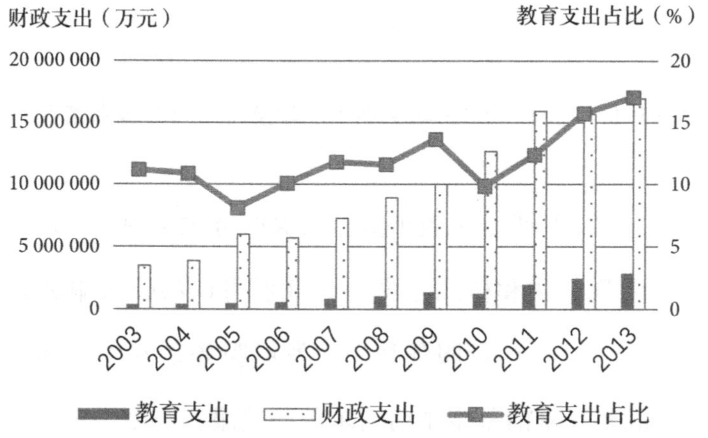

图6-8　2003—2013年深圳教育支出和财政支出情况

我们再以义务教育的供给为例进行说明。从1984年起，深圳中小学的数量以及公共图书馆总藏书量呈现连年上升的趋势

（见图6-9）。因此，深圳获得联合国教科文组织授予的“全球全民阅读典范城市”的称号。早在2013年，深圳就落实了“三馆一站”的免费开放制度，公共文化服务体系更加健全，福田区成为“创建国家公共文化服务体系示范区”。同时，深圳在卫生事业、养老保险、住房保障、公共交通、城市基础设施建设等方面都保持着稳步增长的态势。

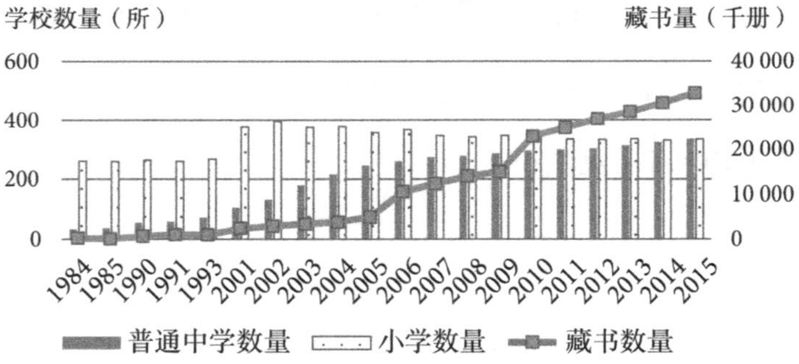

图6-9　1984—2015年深圳中小学及其图书馆藏书情况

第二，供给种类越来越丰富。公共服务供给规模体现了城市公共服务的现代化和精细化水平。我们可以将公共服务分成基本生活服务、城市运行服务和个人发展服务。其中，基本生活服务涵盖满足民众的基本生活需求的公共服务类型，主要包括基本公共教育服务、基本社会服务和基本医疗卫生服务，这是城市公共服务供给的基础。城市运行服务主要包括公共安全服务、城市公共交通设施服务等，这是城市发展的必备条件。最后一类是个人发展服务，主要包括劳动就业公共服务、住房保障服务、公共文化体育服务等。这一类公共服务显示了一个城市的综合竞争力。2014年，深圳已经完全实现了《国家基本公共服务体系“十二五”规划》规定的基本公共服务目标。

第三，供给结构不断优化。早在2004年，深圳就完成了100%的城市化的目标。根据中国社会科学院《城镇化质量评估与提升路径研究》创新项目组于2013年发布的《中国城镇化质量综合评价报告》显示，无论在城市化效率、城市化发展指数、城乡协调指数还是城市发展综合质量指数，深圳都高居全国榜首。深圳的发展主要得益于“两个突破”：一方面，突破了城乡二元结构的限制，不仅在人口身份转换、土地用途转化等方面有了快速、有效的推进，而且实现了农村居民在生产方式、生活方式以及文明理念的转变；另一方面，在快速推进户籍制度改革的过程中，深圳强化了对非户籍人口的公共服务供给，进一步缩减了户籍与非户籍之间的福利差异，弱化了户籍制度对社会融合的阻碍作用。

在快速城镇化过程中，社区治理已成为社会治理领域一个复杂的基层治理子系统。一方面，社区的存在形态已经多样化，包括新兴商品房小区、保障房小区、回迁安置小区、老旧小区等。深圳在城市化进程中形成了一种比较特殊的社区类型——“村改居”社区。从形式上看，尽管“村改居”社区已经具备了和城市社区相同或相似的特征，但它依然是介于传统农村社区和现代城市社区之间的一种过渡性社区。它是在城市化的过程中，农村户口改为城市户口、村委会改为居委会、农村土地由集体所有转为国家所有过程中形成的社区。在我国城市化背景下，“村改居”社区建设是一项涉及基层组织建设、集体土地处置、集体资产处理、集体房产和村民住宅处理、村民农转非、市政设施建设和管理、社会保障及群团关系等问题的系统工程。

在地方保护主义的影响下，户口的等级化趋势越来越明显。目前，中国的户籍制度改革呈现出由紧向松转化的趋势，但一线城市的户籍制度改革却不尽如人意，这无疑是影响城市社会融合的重要制度障碍。在这一背景下，深圳的社会融合可谓“一枝独秀”：由于户籍制度改革的顺利推进，户籍人口规模持续扩大，外地人与本地人都能够享受到同等的福利。

早在建市初期，深圳就率先打破传统用工体制，改革分配制度，建立起社会保障制度和市场化的劳动力流转机制。特别是在1982年，深圳率先建立了养老保险制度，允许非户籍员工享受基本的养老保险待遇，并在劳动保险和养老保险方面给予非户籍人口极大的保障。此外，在公共服务方面，深圳也取得了突出的成就。截至2013年12月底，深圳的65项基本公共服务项目全部得到落实。深圳常住非户籍人口在教育、就业、社保、医疗、计生、公共文化诸方面已基本获得与户籍人口同等的待遇。第一，在教育领域，重点解决“入学难”的问题。第二，在医疗卫生领域，深圳重点降低实有人口基本医疗费用，普及基本公共卫生服务。第三，在文化体育领域，大力推进文化惠民工程，实施全民健身计划，提升城市软实力。第四，在公共交通领域，着力打造民生公交，降低市民的出行成本。第五，在生活保障领域，加大资源投入力度，重点向非户籍困难群体倾斜，保障“底线民生”。第六，在住房领域，逐步扩大保障范围，构建“分层次、多渠道、广覆盖”的住房保障体系；第七，在就业保障领域，实现了各类劳动者的充分就业。

二、不断完善民生供给能力

民生供给是指政府动用公共资源，为民众的生存和发展提供条件、创造机会。在民生供给方面，政府是核心主体，但并不是唯一的主体，还需要市场主体的共同参与。然而，与城市基础设施建设或经济发展投资等不同的是，政府需要不断提升公共产品的供给规模与供给水平，努力解决公共产品供给不足与民众实际需求之间的矛盾。从公共产品的需求层次方面来讲，社会救济、保障性住房、最低生活保障等基础性的民生保障，都是为了满足民众的基本生存需求。养老服务、文艺服务等较高层次的民生供给可以满足民众更高层次的发展和享受需求，从而保障民众获得实现自我价值的机会。深圳不断完善民生供给能力，主要体现在创建民生净福利指标体系、持续优化医疗卫生供给体系、促进义务教育跨越式发展、不断完善社会保障制度等方面。

（一）创建民生净福利指标体系

与硬件设施建设相比，民生供给的主要特征是供给的长期性、指标的复杂性、成果的隐匿性以及评估的复杂性。因此，民生产品的供给困境主要体现在以下两个方面。第一，难以处理民生产品供给的体系化问题。民生产品的供给并不是某个产品的短暂供给，而是民生产品体系的持续供给。第二，难以处理民生供给体系的评估问题。基于以上两点，深圳创建了民生净福利指标体系，使深圳的公共服务供给能力与水平迈上了一个新台阶。

2006年12月30日，深圳通过了《中共深圳市委关于制定〈深圳市民生净福利指标体系〉的意见》。2007年，《深圳市民生净福利指标体系》正式实施。民生净福利是指经济发展带来的全部经济福利减去用于补偿负面效应消耗后所有剩下的福利。民生净福利是衡量民众生活水平与生活质量的综合性概念，而民生净福利指标体系则是指导和衡量民生供给主体进行公共产品供给和公共服务供给的重要体系。

1. 通过民生净福利指标体系来带动民生供给的理念创新

民生净福利指标主要包括收入分配与公平、安全水平、社会保障水平、公共服务水平以及人的全面发展水平等一级指标。第一，收入分配与公平包含了两个二级指标，即居民人均可支配收入增长率和基尼系数。这两个指标是衡量经济发展是否有效转化为市民收入、收入分配是否公平的重要指标。第二，安全水平包括以下细分指标：农副产品安全监测平均抽样超标率，药品安全抽样合格率，达到Ⅰ级和Ⅱ级空气质量的天数，主要饮用水源水质达标率以及交通事故死亡率等。这几个细分指标可以判断食品安全、药品安全、空气质量、饮水质量和交通安全。第三，社会保障水平包含了以下几个细分指标：城镇登记失业率，零就业家庭户数，应届大中专毕业生就业率，社会保险综合参保率，劳务工工伤保险人数增长率，劳务工医疗保险参保人数增长率，财政性社会福利支出以及社会捐助等。第四，公共服务水平包括以下三个细分指标：财政性教科文卫体支出占财政支出的比例，财政性环保投资经费占财政支出的比例，财政性公共基础设施建设占财政支出的比例。第五，人的全面发展水平包含以下三个细分指标：人均受教育年限，职工在职培训的小时数，公共图书馆馆藏图书的人均数量。

设置民生净福利指标体系的根本目的在于：将涉及民生供给领域的复杂关系量化，呈现民生供给领域的工作成效。同时，它也很好地展现了政府在民生供给领域的自我定位。作为主要的民生产品供给者，政府既要充分发挥管理职能和服务职能，也要发挥监督者和协调人的作用。此外，民生净福利指标体系主要是面向全体市民，特别是低收群体。使发展成果能够惠及每个人，这无疑体现了政府在民生供给方面的理念创新。

2. 通过民生净福利指标体系来促进民生供给在方式上的创新

民生净福利指标体系构建了一个综合的民生福利体系。这既是一种对现有工作的评价体系，也是对未来工作的指导体系。民生净福利指标体系带动了民生供给方式的创新，主要体现在以下两个方面。第一，民生净福利指标的统计和执行单位分别隶属不同部门，这种安排既有利于加强顶层设计，强化深圳民生供给方面的全局性和完整性，又有利于任务的分解与执行，强化主体责任，提升执行效率。第二，民生净福利指标体系促进了民生供给工作的计划性。其中，5个一级指标是深圳民生供给的主要方面，21个二级指标是民生供给的具体内容。

（二）持续优化医疗卫生供给体系

医疗卫生的供给是民生供给的重要内容。随着深圳经济的不断发展，人口规模的持续扩大，基本保健需求、疾病规模、疾病的复杂程度、传染病传播与爆发速度等，都对深圳的医疗卫生供给提出了严峻的挑战。在特区建立之前，深圳仅有1家县级人民医院、6个公社的卫生院、1个县级防疫站和1个妇幼保健医院。可以说，当时深圳的医疗机构少，医疗服务质量低，医疗资源稀缺。到2013年，深圳的医疗机构数量达到了2885个；到2015年，深圳的医院数量达到125个，能够提供3万多张床位。深圳的医疗卫生事业的发展经历了以下三个阶段。

1. 初步发展阶段（1979—1990年）

财政投入是建立医疗卫生体系的重要保障。为了有效解决因人口规模迅速膨胀而带来的设施缺乏、床位紧张等问题，深圳一方面加快扩建原有的医疗卫生机构，另一方面采取“内引外联”的方式合理利用外部资源。深圳先后通过与广东省、天津市、郑州市等地的医疗卫生机构合作，暂时解决了建市之初医疗卫生资源紧张、医疗技术匮乏等问题。

2. 高速发展阶段（1991—2010年）

随着深圳人口的迅速增长，城市规模的持续扩大，经济发展逐步进入正轨，深圳在医疗卫生方面的投入也在持续增加。1991—2010年，深圳每年在医疗卫生事业方面的财政投入达到了亿元级别。仅2007年这一年，深圳市政府在医疗卫生方面的投入达到33.2亿元。这一阶段，为了有效提升资源利用效率，克服医疗卫生弊病，深圳主要采取了以下措施。

第一，改革医疗卫生体系。深圳实施“一大一小”发展战略，同时将原有的三级医疗机体系转变为二级医疗体系。“一大一小”是指大型公立医院的建设全面提速，社区健康服务中心全面铺开。这样做的目的在于，实现“小病在社区，大病到医院，康复回社区”的构想。同时，着力建设社区卫生服务体系也是促进医疗卫生的公平性的重要步骤。在发挥大型医疗机构在重症难症、教学与科研、培养骨干力量等方面的作用的同时，建立和完善社区服务体系是真正实现医疗卫生服务均等化的关键。1996年，深圳开始了社区健康服务网络的建设。一系列配套政策的出台，大大促进了社区服务卫生服务中心的建设工作。2007年，深圳建成了604个社区健康服务中心，实现了社区卫生服务全覆盖的目标。

第二，推进医药改革，提高医疗卫生供给的普惠性。其一，深圳强化了社区卫生服务中心在医疗卫生方面的基础性作用，并在2006年率先推行社区首诊制度，在2007年推行药价“零加价”政策，着力解决“看病贵、看病难”的问题。其二，规范药品采购制度。2003年，深圳建立了医药信息平台。政府要求医院采购药品必须通过这个平台，这样做不仅降低了医院采购药品的成本，而且切断了供应商与医务人员的联系，压缩了医药采购的寻租空间，促使药品价格降低。其三，推行“双轨制”。从2008年开始，深圳实行了医院经营管理的“双轨制”，试图改变医院“以药养医”的局面，同时增加政府对医院的财政补贴。

3. 深化改革阶段（2010年至今）

2010年以后，深圳每年在医疗卫生方面投入的费用均超过10亿元。2012年，深圳市政府公布了《深圳市公立医院管理体制改革方案》，持续推进医疗卫生改革，其着力点主要集中在以下几个方面。

第一，改革公立医院管理体制。深圳设立了公立医院管理中心，组建了公立医院管理中心理事会，加强卫生系统的管理，强化对公立医院的专业化和精细化管理，监管公立医院人、财、物的运行，提升医疗卫生服务的质量和水平。深圳推动公立医院运行机制改革，改革财政补偿和医疗价格制度，不仅落实了国家规定的公立医院财政补助项目，而且不断完善分类管理的财政补助方式，通过“以事定费”的方式来优化对公立医院的补助结构。

第二，推进医药分离改革。早在2007年，深圳就展开了医药“零加价”的试点工作。2012年，深圳市委通过了《深圳市公立医院医药分离改革实施方案》，持续推进药品价格制度改革，取消了公立医院药品的加成政策，建立了公立医院补偿机制，深化了公立医院药品采购机制，加强了对公立医院的监管。

第三，创新合作办医机制。在深圳建市初期，深圳就以“内引外联”的方式打开了医疗卫生事业建设的局面。因此，深圳的医疗卫生事业迎来了国际化发展契机。2011年，深圳与香港大学签署了《深圳市人民政府与香港大学关于合作举办香港大学深圳医院的协议书》，目标在于通过吸收香港先进的医疗服务理念、医院管理模式、医疗技术和服务方式，由深、港双方共同组建医院决策和管理团队，筹办“国内一流，国际知名”的深圳滨海医院。

（三）促进义务教育的跨越式发展

2004年，深圳被广东省人民政府授予“广东省教育强市”的称号，成为广东省提出“建设教育强省”目标以来的第一个教育强市。2015年，深圳成为唯一一个获得国家教育体制改革小组办公室备案的副省级城市。义务教育事业的跨越式发展不仅是民生供给的重要内容，更是培育城市文化、保持城市文化竞争力的重要内容。在深圳，外来人口居多，这些外来人口的子女教育问题越来越突出。从这个角度讲，义务教育资源的供给是提升城市承载力、吸引外来流动人口、增强城市竞争力的重中之重。难能可贵的是，深圳在义务教育方面的改革始终走在全国前列。回顾深圳的义务教育发展历程，我们可以将其归为以下三个阶段。

1. 初步发展阶段（1979—1990年）

在特区成立之前，深圳仅有19所幼儿园、226所小学以及24所中学。然而，深圳市在建市初期就非常关注中小学教育问题。早在1982年，深圳就做出了“教育与经济同步发展”的决策。1989年，深圳市政府成立了一个由38个单位组成的教育战略研究团队，对深圳的教育发展进行研究规划。深圳对教育问题的重视也体现在城市建设初期的建设规划上。深圳市始终做到了“六个优先”，即教育发展优先规划、教育投入优先安排、学校用地优先保障、教育人才优先引进、教师待遇优先落实以及教育问题优先解决。1984年，深圳市政府把学校基建纳入城市发展规划，与经济建设同步进行，实行“六统一”，即统一规划、统一选址、统一征地、统一搬迁、统一设计和统一施工。到1990年，深圳的小学数量已经增加到263所，中学数量增加到49所。

2. 跨越式发展阶段（1991—2010年）

1991年，深圳进一步提出“教育要适度超前发展”的战略。1994年，深圳正式确立了“优先发展教育，建设教育强市”的发展战略。2001年，深圳出台了《深圳市教育发展十年规划（2001—2010）》，提出“以教育创新，推进教育现代化”的教育建设目标。2004年，深圳印发了《关于加快推进教育现代化的决定》，提出要在建成教育强市的基础上，到2010年基本实现教育现代化。这一时期，深圳的中小学教育事业已有一定的基础，在全国已具备一定的优势。因此，深圳主要采取了以下两项措施。

第一，全面推进素质教育。从20世纪90年代开始，深圳以“实施素质教育”作为中小学改革的方向，并且明确提出了“四个全面”的改革指导思想，即全面办好每一所学校、为学生全面成才创造条件、全面贯彻教育方针和全面提高学生的综合素质。

1999年，深圳把“全面实施素质教育”作为创建教育强市、加快推进教育现代化的重要目标。2001年，深圳在教学整体改革、课程教材改革等方面取得重要进展。2006年，深圳继续以课改为核心，推进素质教育改革。

第二，义务教育均衡发展。所谓“均衡”，这里有两方面的含义：一是深圳老特区与新特区之间的均衡，二是本地户籍与非本地户籍人口之间的均衡。深圳在2010年将特区扩展到全市范围。由于历史及政策原因，深圳老特区和新特区之间在基础设施建设、体制机制建设等方面存在明显的差异。因此，深圳于2007年出台了《关于深入贯彻落实全市推进义务教育均衡发展工作会议精神的通知》，印发了《推进义务教育均衡发展重点工作实施方案》，对老特区外中小学进行基础设施改造，并采取“一对一”的方式进行互助。妥善解决非深圳户籍人口子女的义务教育问题是深圳面临的严峻挑战。2005年，深圳出台了《深圳市关于加强和完善人口管理工作的若干意见》及其7个配套文件（简称“1+7文件”）。2006年，深圳出台了《关于进一步推进义务教育均衡发展的若干文件》，消除了户籍差异在义务教育领域的不良影响。

3. 深化改革阶段（2011年至今）

2014年，深圳出台了《深圳市中小学校全面推进现代学校制度建设指导意见》。2015年，《深圳市教育领域综合改革方案（2016—

2020年）》得到国务院批复。在改革方案中，深圳提出了构建充满活力的教育现代治理体系、完善基础教育均衡优质发展长效机制、鼓励社会力量兴教办学等八项主要改革任务，全面推进现代学校制度建设。2016年，深圳全市实现了“一校一章程”这一目标。

（三）社会保障体系的创新与完善

在40多年的改革开放历程中，深圳之所以能够持续保持活力，关键在于它不仅将大量的劳动力和人才吸引过来，参与城市建设，而且努力探索针对劳动者的社会保障制度，解决了外来务工人员的后顾之忧，为初创时期的深圳建设提供了坚实的保障，奠定了深圳社会保障体系“高福利、低门槛、市场化”的基调。表6-3归纳了深圳在1983—2006年的劳动用工与吸引人才的相关政策文件。

表6-3　1983—2006年深圳劳动用工与吸引人才的相关政策文件

年份	政策文件	政策意义
1983年	《深圳市实行社会劳动保险暂行规定》	将社会劳动保险制度覆盖到全市范围。
1985年	《深圳市全民所有制单位退休金统筹试行办法》	首创养老保险制度，使社会统筹与个人账户相结合、社会共济与自我保障相结合。
1987年	《深圳市临时工社会劳动保险试行办法》	解决了临时工的养老基金统筹问题。
1990年	《深圳经济特区工伤保险暂行办法》	保障了广大员工和企业的合法权益。

（续表）

年份	政策文件	政策意义
1991年	《深圳市社会保险制度综合改革方案》	建立政府、企业、个人三方责任的社会保险制度。
1993年	《深圳经济特区工伤保险条例》	进一步完善了社会保障的种类。
1996年	《深圳市基本养老保险制度深化改革方案》《深圳市基本医疗保险制度深化改革方案》《深圳经济特区失业保险条例》	明确提出深化改革的指导思想、基本原则、主要内容和实施方案。
1997年	《深圳经济特区企业欠薪保障条例》	以法律形式进一步完善了社会保障制度。
1998年	《深圳经济特区企业员工基本养老保险条例》	以法律形式进一步完善社会保障制度。
2001年	《深圳经济特区企业员工社会养老保险条例》	允许非户籍员工退休后享受基本养老保险待遇，解决了非户籍员工的基本养老问题。
2002年	《深圳市城乡居民最低生活保障办法》	进一步完善了城乡同步实施的社会救助制度。
2006年	《深圳市劳务工医疗保险暂行办法》	首创劳务工互助合作医疗模式。

资料来源：《深圳市志（经济管理卷）》和《深圳市志（法制政务卷）》。

深圳的社会保障体系经历了以下三个发展阶段。

1. 初步探索阶段（1979—1990年）

深圳率先建立社会养老保险制度，允许非户籍员工在本市退休后享受基本养老保险待遇，并按照国际惯例实施社会统筹保险政策。深圳成为我国第一个对劳动合同制工人建立养老保险制度的城市。1985年以后，深圳将社会保险范围逐步扩大，相继建立了职工待业保险制度、劳动争议仲裁制度、劳动合同见证制度，实行养老保险社会统筹与个人账户相结合、社会共济与自我保障相结合，逐步建立了新型社会保障制度。

2. 体系化建设阶段（1991—1995年）

1989年，国务院开始在深圳进行社会保障制度综合改革试点工作，深圳的社会保障体系建设进入了新的发展时期。1991年，深圳颁布了《深圳市社会保险制度综合改革方案》，正式建立了政府主导，企业、个人与政府三方分别承担部分责任的社会保险制度，其保险内容涵盖了实业、工伤、养老、医疗和住房公积金。1992年，深圳颁布了《深圳市社会保险暂行规定》及其两个配套文件（《职工养老保险及住房公积金实施细则》和《职工医疗保险实施细则》），标志着深圳社会保障制度完成了基本架构的建立，从单项突破转变为综合推进。

3. 深化改革阶段（1996年至今）

1996年，深圳发布了《深圳市基本养老保险制度深化改革方案》和《深圳市基本医疗保险制度深化改革方案》，提出了深化改革社会保障制度的指导思想和方向。从1996年起，深圳相继通过了《深圳经济特区失业保险条例》《深圳经济特区企业欠薪保障条例》《深圳经济特区企业员工基本养老保险条例》等文件，标志着深圳社会保障制度建设进入了法制化阶段，社会保障制度种类齐全，覆盖范围全面，制度建设日趋完善。

第六节 深圳城市治理的国际化

一、抓住地缘优势，开展深港合作

（一）利用港资发展对外贸易，带动制度变迁

香港是一个高度商业化和国际化的城市。20世纪70年代，香港的出口已居世界前列，并成为亚太地区重要的轻工业制造中心。香港因此成为亚洲“四小龙”之一。然而，香港慢慢出现了高地价、高通胀和高工资的“三高”局面，原有的劳动密集型产业逐渐丧失了发展优势，需要向低成本地区转移。因此，刚刚实行改革开放的深圳便成为港商投资的首选之地。

从20世纪80年代开始，深、港两地“前店后厂”的模式逐渐形成。香港成为产业分工体系中的“店”，具体负责融资、管理、产品的设计和销售等高端环节；而深圳充分发挥其土地、劳动力的成本优势，成为产业分工体系中的“厂”，利用港资负责产品的生产、组装等低端环节。港资进入深圳，不仅促进了深圳制造业的发展，同时推动了深圳的制度改革。以劳动密集型制造业为主体的产业合作取得了巨大成功，为深、港两地经济发展和经济结构的调整提供了理想的发展空间。

自20世纪90年代开始，深、港两地产业合作从低端的制造

业开始向高新技术产业领域转移。此外，包括金融业、物流业、旅游业等领域的合作也大大加强。从产业合作的具体形式来看，深、港两地在贸易、投资、金融、消费等具体经济活动方面的合作不断加强。港资始终是深圳最重要的资本来源之一，同时深圳企业主要以香港为阵地，向国际化发展。

随着深港产业合作的不断推进，深、港两地启动了重大跨境基础设施项目，为深化深港合作提供了重要保障。两地在经济运行机制、管理体制、城市治理等方面也进行了深度合作。深圳在建立市场运行机制、完善市场体系以及城区管理等方面，大量借鉴了香港的经验和模式。这不仅成为深港合作在制度层面的重要内容，而且为后来深港合作运行机制的建立奠定了重要基础。进入21世纪，随着《内地与香港关于建立更紧密经贸关系的安排》（CEPA）、深港合作“1+8协议”“1+6协议”的落实，深港合作进入了新的发展阶段。

（二）开展深港金融合作

金融业是现代化服务业的核心，也是深圳发展开放型经济的关键。与香港合作发展金融业，是深圳的必然选择。香港拥有高度发达的金融系统，市场容量大，监管水平高，并且拥有一大批国际金融机构。20世纪80年代后期，深圳大力引进香港金融机构入驻深圳，解决深圳经济发展过程中面临的资金短缺、融资不顺等问题。

随着经济的不断发展，深港金融合作的范围不断扩大，层次不断提高。早期的深港金融合作基本上停留在金融机构互设这种单一形式上。随着两地金融合作的不断深入，深港金融合作逐渐发展成为多种业务齐头并进的局面，深港金融合作领域大大拓宽，并且取得了显著成效。合作领域不仅包括两地金融机构互设，还包括香港人民币业务的展开、经营业务相互渗透、人民币离岸中心的建立以及两地支付结算系统的联通、金融市场衔接、货币流通和金融监管合作等。2003年6月，香港金融机构进入内地的“绿色通道”正式开启，港资金融机构成为深圳金融体系的重要组成部分。同时，内地银行纷纷赴港开设立分支机构，经营并扩大相关业务。随着深港金融合作渠道的拓宽，内地企业纷纷在港上市，国家开发银行和进出口银行相继赴港发行相当规模的人民币债券……这些举措共同推动了深港金融合作向纵深发展。

通过深港金融合作，香港充分利用了深圳及内地的金融市场来巩固其国际金融中心地位，而深圳也通过学习和摸索，在金融制度的完善、金融工具的多样化、金融环境的安全性等方面取得了优异的成绩。

（三）打造深港合作的新平台

前海地区在深港合作中占有重要地位。2012年12月7日，习近平主席到前海地区考察，并对前海的开发开放作出了重要指示。他强调："中央给予前海'依托香港、服务内地、面向世界'的定位，要将前海建设为粤港合作、深港合作的新平台。"2015年，深圳市第六次党代会提出："要确立市场化、法治化、国际化以及前海开发开放的'三化一平台'战略。前海开发开放的有序展开，在深港合作、制度创新、产业集聚等方面都具有很强的现实意义。"

根据中央指示及深圳提出的发展战略，前海努力将自己打造成高水平的对外开放门户。第一，在投资方面，前海在全国首创"深港直通车"服务模式，为港资企业入驻前海提供"一站式"服务，并在土地出让、税收优惠政策等方面向港资企业倾斜。截至2017年的第一季度，前海地区已有港资企业4441家。第二，在贸易方面，前海开启了"港资港企港货"模式，开拓新市场，并且构建了深港监测合作的新机制。第三，在深港金融合作创新方面，前海继续坚持对港开放，以提升深港金融服务合作的水平。2016年，国内首家港资控股的合资基金公司——恒生前海基金管理有限公司创立。香港交易所也在前海地区设立了香港交易所前海联合交易中心，打造以服务实体经济为宗旨的大宗商品现货交易平台。第四，在创业方面，前海为深、港两地青年搭建了创新创业平台，加强合作与交流。前海地区的"深港青年梦工厂"集聚了一流的创业资源和创业服务，形成了完备的创业生态圈，吸引了许多香港创业者的入驻。第五，在人才方面，前海出台了多项政策，吸引各领域的港籍专业人士到前海工作，并在个人所得税上实行减免政策。第六，在基础设施建设方面，前海建成太子湾国际邮轮母港，成为深圳联通香港、走向世界的“海上门户”。深圳前海和香港在投资、金融、航运、贸易、两地青年创业和专业服务等方面形成了优势互补、互利共赢的合作模式，共同开发建设的格局逐渐形成。

此外，“深港创新圈”也是深港深入合作的重要形式之一。深、港两地对加快科技创新的需求比较强烈，两地在创新资源、研发机构、创新产业与服务、高科技企业等方面具有一定的互补性。因此，深、港两地政府于2007年签署了《香港特别行政区政府、深圳市人民政府关于“深港创新圈”的合作协议》，每年各自拿出3000万的专项资金，用于“深港创新圈”的建设。在CEPA的大框架下，“深港合作圈”建立了协商督导、项目管理、共同资助和联合招商的工作制度，深圳高新技术企业与香港有关单位、科研机构及高校之间的交流频繁，为两地科技合作创造了良好的机会和条件。

二、不断提高深圳的国际竞争力

（一）由低端向高端发展

在对外开放初期，深圳引进外资，进行基础设施建设，发展“三来一补”贸易。进入对外贸易转型期后，深圳引进外资的显著特征是：注重产品的质量和技术含量，优先发展高新技术和知识密集型产业，促进特区的技术发展和产业升级。在大规模发展“三资”企业的过程中，对外资的利用更注重宏观上的调节作用，包括：调整投资规模和结构，适当扩大企业规模，实现规模经济；促进企业结构进行重组，增加资金、技术、市场能力等资源的投入。到了20世纪90年代，深圳市政府制定了技术引进的中、长期规划，建立引进外资的评审机构，选定效益较好的重点项目，重点引进先进技术与关键设备，严格限制低水平、高污染、高能耗的外资项目的进入，为提高深圳在国际市场的竞争力、参与世界经济合作与竞争打下了良好的基础。

深圳积极发展高端服务业，着力引导外资进入金融、保险、物流、信息网络等生产型服务业中，改造和提升传统服务业。深圳根据国际形势及外资投资风向的变化，在新一轮的对外开放中积极承接国际服务业的转移，把发展国际服务外包作为参与全球化的重要突破口，全力推进高端服务业的发展。2006年10月，深圳在“中国服务外包基地城市”名单中排在首位。

深圳市政府对服务外包工作高度重视。2006年12月，深圳出台了《关于加快深圳市服务外包发展的若干规定》(以下简称《若干规定》)，并在《关于加快我市高端服务业发展的若干意见》中明确将服务外包列入重点发展的高端服务业范畴。深圳制定了《关于共建中国服务外包基地城市》和《关于加快深圳市服务外包发展的若干决定》，并开展了以下工作：第一，成立深圳市发展服务外包领导小组；第二，制定落实《若干规定》的具体操作细则；第三，组织服务外包政策说明会，开展海外招商活动；第四，推动深港服务外包合作，不仅大力促进企业层面加强交流，而且努力推动政府、行业协会等在服务外包发展的深入协作，充分发挥香港和深圳的比较优势；第五，建立服务外包统计体系和服务平台。一系列政策文件的出台以及大量相关工作的开展，表明深圳正以服务外包为抓手，抢占高端服务业的制高点，不断提高深圳的国际竞争力。

同时，深圳还十分重视总部经济的发展。随着经济全球化趋势的发展和产业内部分工的深化，跨国公司和国内外大型企业集团加快发展步伐，对此，深圳大力发展总部经济，以提高自身的国际化水平。总部经济是区域经济发展过程中，伴随着社会化分工的深入和信息社会到来而形成的一种经济形态。作为国际分工的高端环节，总部经济对经济和社会的发展会产生强大的带动和辐射作用。目前，深圳通过发展总部经济，逐步实现承接国际制造业和高端服务业这一目标。

（二）从“代工基地”发展成为“世界工厂”

如果说，在深圳改革开放初期，通过引进外资来发展“三来一补”加工贸易，属于积累资金和经验的一个重要过渡阶段，那么，来料加工企业的大规模发展，就是深圳对自身条件及国际市场认知提升后的必然结果。因此，从1982年开始，深圳努力推动“三来一补”企业向“三资”企业转型。1986年初，国务院召开的特区工作会议，将“七五”期间特区经济发展的方向确定为“努力建立工业为主、工贸结合的外向型经济，进一步发挥‘四个窗口’‘两个扇面’的作用”。相比之下，“三资”企业的发展有助于学习、吸收国外的科学管理经验，有助于利用外商的销售渠道扩大产品出口。在政府的引导下，“三资”企业发展非常迅速，实现了由规模速度型向质量效益型的转变。

20世纪90年代，深圳的对外开放进入了一个新的发展阶段。深圳的加工贸易进一步发展，一些较大的来料加工企业都是由“三来一补”企业转型发展起来的。这一时期，以技术和资本密集为特征的高新技术产业也取得了突飞猛进的发展，加工贸易出口领域中的高新技术产品份额大幅度提升。从出口结构来看，计算机、信息通信、广播视听、光学仪器等领域的出口比重不断提高。

随着国际产业分工的深化发展，深圳逐步形成了较为完善的加工贸易产业体系，越来越多的民营企业通过深加工结转方式为跨国公司提供了配套服务，从而提高了自身开拓国际市场的能力。深圳因此成为中国乃至世界高新技术产业的一个重要加工基地。

通过大力发展“三来一补”的加工贸易，深圳实现了由农业社会向工业社会的转变。通过发展加工贸易，深圳迅速实现了经济发展和向现代工业社会的转变。从“三来一补”的加工贸易到“三资”企业的产品贸易，从劳动密集型产品贸易到高新技术产品贸易，从引进一般制造业企业到引进跨国公司，深圳实现了历史性跨越，提高了自身的国际竞争力。

第七章

具有中国特色的国际化城市治理：理论与路径

伴随中国经济从高速增长转入高质量发展阶段，中国的城市治理也出现一些新问题。2015年，中央城市工作会议提出，要"走出一条中国特色的城市发展道路"。[①] 党的十九届四中全会对中国城市（尤其是中心城市和城市群）的发展质量与水平提出了更高的要求。如何构建中国特色城市治理体系，提高城市治理能力，是当前中国城市建设的重要议题。

世界各大知名城市在全球资源配置方面发挥着越来越重要的作用。随着世界经济重心的区域性转移，一批新兴的国际化大城市与老牌的国际化城市之间展开了激烈的竞争。国家综合实力是国际化城市发展的重要条件；城市国际竞争力的提升，也会进一

① 中央城市工作会议在北京举行[N]. 人民日报2015-12-23（3）.

步巩固国家的发展优势，二者相辅相成。通过改革开放，中国抓住了良好的发展机遇，国内一大批城市迅速崛起。未来还会有更多的城市发展成为世界城市，与全球城市网络产生更加密切的联系。

当前，世界城市迎来了发展变革的重要时期。以城市国际化发展为契机，助推新一轮城市治理水平的提升，打造世界一流的城市治理体系，已成为中国众多城市的共同选择。[①] 梳理北京、上海、深圳等国内代表性城市的规划，结合自身条件，能够帮助我们科学设定城市发展的目标和方案。与欧美发达国家的城市理论不同，中国城市的国际化治理需要从制度优势、治理效能等角度来探讨具有中国特色的国际化城市治理路径和方案。

① 李岩，江文路. 国际化城市治理的中国方案[N]. 中国社会科学报，2019-11-13(7).

第一节
政治学视角下的城市空间及其国际化治理

人类社会的发展过程始终伴随着人们对生产和生活空间的不断拓展和建构。无论是村落、集镇还是城市，都属于不同规模、不同层次的人造空间。在人类社会早期，城市的出现对国家的产生具有重大意义。现在，城市已经成为人们活动最密集、最主要的空间载体。城市空间的政治学研究也成为一个学术热点。以往的城市空间理论，尤其是对城市权力结构、治理结构、空间结构等方面的思辨和分析，构成了城市治理国际化的理论基础。

一、城市空间的主要理论及其发展脉络

学者们普遍认为，城市的政治结构、治理结构与空间结构是有机联系的。围绕权力、治理和空间这三个要素的分析，是城市政治学最经典的研究范式之一。人们对城市空间及其政治属性的认识和研究，是伴随着城市规模的扩大与形态的变化而逐渐发展的。回顾历史，大工业生产所带来的城市急剧扩张，引发了交通拥堵、环境污染、公共服务配套不足等问题。为了解决“大城市病”，不同时期形成了不同的城市空间理论。城市空间理论的发展可分为近代、现代和后现代三个阶段（见表7-1）。

表7-1 城市空间主要理论与思想演变①

	理论学说	代表人物	主要贡献
近代	田园城市理论	霍华德（E. Howard）	该理论是20世纪40年代欧美国家“卫星城”运动和“新城”运动的理论来源。霍华德提出用城乡一体化的社会结构来取代城乡分离，通过城市组群来解决城市公共空间承载能力不足等问题。
	人文关怀思想	盖迪斯（P. Geddes）	该思想成为欧美城市科学的基础性学说。盖迪斯创造了“城市学”概念，并提出了城市区域规划的综合研究方法。
现代	现代主义城市思想	柯布西耶（L. Corbusier）	该思想主张进行大规模、全面的城市改造，建立全新的现代城市。
	有机疏散理论	沙里宁（E. Saarinen）	沙里宁认为，城市是一个有机体，城市规划的重点是做好功能单元的集聚与分散，以便缓解城市过度集中、膨胀的弊病。
后现代	社区宜居性思想		1954年发表的《杜恩宣言》提出，对人的关怀应该是城市规划的基本出发点。
	新城市主义的街区公共空间思想		这一思想主张建设多功能的混合社区，营造社区中心。
	“精明增长”（Smart Growth）型城市街区公共空间思想		这一思想主张限制城市的盲目扩张，对现有社区进行重建，节约基础设施建设和公共服务成本。

工业化背景下的城市扩张呈现出特定的规律，尤其是在经济、地理等层面。例如，在20世纪初，美国人类生态学派创始

① 伍学进. 欧美城市公共空间思想的演变与升华[J]. 理论月刊，2008（11）：139-142.

人伯吉斯（E. W. Burgess）提出了“同心圆理论”，指出了城市功能分区与城市阶层分布之间的关系。20世纪20年代，赫德（R. M. Hurd）提出了“扇形理论”，认为城市往往沿着水源、交通干线等阻力较小的方向扩展。20世30年代，麦肯齐（R. D. McKenzie）提出“多核心理论”，认为城区内有若干个分立的核心，城市围绕这些核心进行拓展。按照新古典主义经济学的观点，自由市场经济状态下的区位均衡过程是城市空间发展的内在机制。[①]然而，城市治理不只是一个经济问题。新马克思主义对既往城市空间思想的批判，在一定程度上开启了学界对城市治理的认知转向。列斐伏尔（Henri Lefebvre）在《空间的生产》一书中指出，城市化的实质是一种空间生产过程，是以一种新的方式将全球和地方、城市和乡村、中心和边缘连接起来。[②]因此，城市被看成是社会关系的产物和载体。与之相应，城市应由民众来管理，让城市空间为民众服务。[③]

上述理论学说的演变反映了城市治理的思想价值取向。我们可以发现，以彰显人文关怀、包容多元化差异、重视社区宜居性为主要特征的后现代城市治理思想，正逐步取代崇尚技术、几何美学、重视标准化设计的现代主义城市治理思想。

---

① 赵芳．城市空间：一种社会学的理论演进[J]. 湖南社会科学，2003（6）：182–183.

② Henri Lefebvre. The Production of Space[M]. Wiley-Blackwell, 1991: 430.

③ 吴宁．列斐伏尔的城市空间社会学理论及其中国意义[J]. 社会，2008（2）：112–127，222.

二、全球城市的发展与体系重构

伴随世界经济的发展，全球已经形成了以伦敦、纽约、巴黎、东京等世界城市为核心的几个都市群。世界城市的崛起，离不开国家的发展以及国际竞争与合作，同时受到其他因素的影响。[①]伴随全球化进程的推进，世界各地的城市已构成一个全球性网络。

进入21世纪，中国城市获得了巨大的发展。根据全球化与世界城市研究机构发布的2019年度《世界级城市名册》，中国大陆有38个城市上榜。其中，北京、上海、广州和深圳为世界一线城市。需要指出的是，在过去几十年间，越来越多的中国城市融入世界城市网络，中国大部分城市仍处于新兴发展的上升期，既有北京、上海、广州、深圳等正在崛起的综合性城市，也有温州、义乌等在细分领域具有全球影响力的城市。[②]因此，中国城市已经成为重构全球城市体系格局的重要力量。我们也要看到，虽然中国是世界第一贸易大国，但与伦敦、纽约等世界城市相比，中国的城市在全球的辐射和影响能力仍然存在一定的差距。中国的城市在一定程度上尚未取得与经济规模相匹配的地位。发达国家世界城市的发展历程及其规律，为中国城市的发展提供了有益的借鉴。

---

① 宁越敏．世界城市研究和中国的世界城市建设[J]. 探索与争鸣，2019(3)：8–10.

② 于洋，焦永利．全球城市的历史演进与治理优化[N]. 成都日报，2019–8–7(6).

第二节
具有中国特色的国际化城市治理

中国城市的建设和治理曾经走了一段与发达国家相似的道路。伴随着大城市的人口集聚和空间扩张，城市同样面临着城市环境污染、交通拥堵、资源消耗、生活成本增加、公共服务负担加剧等“大城市病”的挑战。近年来，中国很多城市的空间规划、设施样态、运行机制等正在发生积极而显著的变化。其中，商务楼宇、绿地公园等越来越强调人文关怀，具有多元化和包容性特征。中国城市治理要顺应世界城市的发展规律和潮流，立足本土的城市治理方向。

一、国际化城市治理的中国特色

欧美学者主要关注城市的经济功能。无论是使用弗里德曼（M. Friedman）的“世界城市”（World City）①概念，还是萨森（Saskia Sassen）的“全球城市”（Global City）②概念，都强调城市的经济功能。在此基础上提出的理论只是把生态、社会、治理等方面的变量加入进来，从金融、文化、创新、设施、环境、生活

① Peter Hall. The World Cities[M], London: Weidenfeld and Nicolson, 1966.

② Saskia Sassen. The Global City[M], Princeton: Princeton University Press, 1991.

便利性等方面对城市治理进行对比和评价。[①] 即便如此，以北京、上海、深圳等代表的中国城市的治理实践，仍然远远超出了上述理论的模型架构。

如果说欧美学者提出的“世界城市”建设的主要驱动力源于工业化和全球化的发展，那么中国语境下的城市国际化，则强调城市治理水平的提升。当然，这并不是说中国城市是“关起门来搞治理”。事实恰恰相反，中国城市的国际化进程是在融入全球城市网络过程中，借鉴世界城市的治理经验，努力把城市的综合治理能力提高到世界一流水平。因此，中国城市的国际化更加强调城市的治理绩效在全球体系中的位置和排序情况。需要说明的是，城市治理绩效不能只局限在经济范畴，还涉及社会稳定、民生保障、机制效率、生态环境、人文底蕴等方面。具体来讲，具有中国特的色国际化城市治理的核心内容是，把城市治理水平提升到国际一流标准，并且逐步融入国际化的城市体系。

中国城市治理体系的独特性表现为中国城市对国际社会的开放是可控的、有序的。这种国际化城市治理的价值指向，反映了中国社会主义现代化建设的“第五个维度”，即城市治理现代化的内在要求。因此，中国城市治理的国际化既包含了需要达到的、现代化意义上的善治目标，也包括了应该遵循的程序、制度和过程。

① 诸大建. 3.0升级版：全球城市的双元竞争力概念模型[J]. 探索与争鸣，2019（3）：15–19.

二、具有中国特色的国际化城市治理框架

建设国际一流的城市治理体系包含了政务管理、社会治理和公共服务这三个维度（见图7-1）。这三个维度回应了国家与社会、政府与市场的核心关系，[①] 也能与中国地方政府开展城市治理工作的内容相结合，由此构成了具有中国特色的国际化城市治理的基本框架，主要内容包括：国际化城市安全与风险防范，国际化城市规模与人口控制，国际化智慧城市与大数据库建设，国际化城市的社区建设，国际化城市的综合执法与精细管理，国际化城市的民众需求与公共服务等。

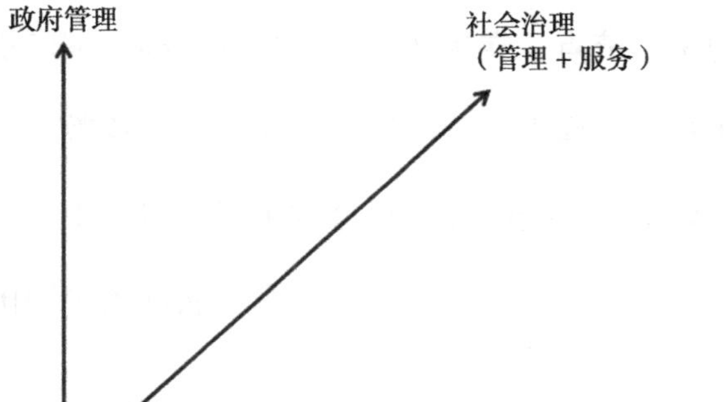

图7-1　城市治理的三个维度

① 张小劲，李岩．从语义图解到模式理解：《关于全面深化改革若干重大问题的决定》中关于治理问题的论述[J]. 当代世界与社会主义，2014（1）：11-18.

此外，国际化城市治理创新的路径主要包括以下三个方面：第一，研究城市国际化的发展规律，城市规模要与承载能力相适应；第二，城市管理与高新技术相融合，实现城市治理体系的现代化，同时提升城市治理能力；第三，改变城市社区治理的方式，打造国际一流、和谐、宜居的城市，建设健康、幸福、美好的“城市精神家园”。

（一）中国国际化城市的治理指标

一般而言，世界一流的国际化城市是指与全球大多数国家发生经济、政治、科技和文化交流关系，在政治、经济、科技等方面具有超强影响力和竞争力的城市，是全球经济、政治、文化、社会活动的中心节点，在生产消费、文化传播、国际交往等全球城市网络体系中发挥着重要作用。参照纽约、伦敦、东京等世界一流国际化城市的主要特征，结合改革开放以来中国的城市治理模式和经验，我们可以梳理出一套具有代表性的中国国际化城市治理指标（见表7-2）。

表7-2　中国国际化城市的治理指标

指标模块	一级指标	二级指标
经济发展	经济活跃度	出入境人口数量
		商务旅游到访人数
		社会消费总额的增长

（续表）

指标模块	一级指标	二级指标
经济发展	经济开放度	国际组织和跨国公司的数量
		实际利用外资额
		大型国际会议和国际展览的数量
	经济竞争力	人均GDP的增长率
		一般公共预算收入的增长率
		高新技术企业的数量
		引进高层次人才的数量
城市管理	秩序维度	犯罪率
		交通意外死亡人数
		绿色出行比例
	环境维度	城市污水处理比率
		城市绿化覆盖率及增长率
		公园绿地的覆盖率
	绩效维度	城市基础设施建设方面的投入
		城市管理投诉率
		城市管理满意度
社会治理	社会动员维度	社会组织数量
		实名注册志愿者与常住人口的比值
	社会参与维度	政府购买公共服务的金额
		人均志愿服务的次数
	社会和谐维度	居民投诉率
		信访发生率

（续表）

指标模块	一级指标	二级指标
公共服务	基本保障维度	基本社会保障的覆盖率
		医疗卫生机构的床位数
		养老机构的床位数
		毛入学率
		平均预期寿命
		预期受教育年限
	品质提升维度	公共服务的财政投入
		公共服务投入的占比
		国际医院、学校、餐厅的数量
		人均公共文化服务设施的建筑面积
		人均公共体育用地的面积
		公交平均时速
	均衡发展维度	基本公共服务的覆盖程度
		“一刻钟”社区服务圈的覆盖率
		空间差距指数

（二）中国国际化城市治理的思路

就特定城市而言，打造世界一流的中国特色的国际化城市治理体系，要遵循“四个结合”的原则。其一，顶层设计与基层探索相结合。在顶层设计层面，要成立统筹性的“抓总机构”，实现横向部门协同和纵向层级的互动。在基层探索层面，要依托现有城市街道（社区）的国际化资源禀赋、功能定位和发展状况，合理划分国际化治理单元，鼓励开展多样化、创造性的活动。其二，经验借鉴与本土创新相结合。对标世界一流城市，有选择、有重点地学习相关治理经验，并与中国其他城市的治理需求相匹配。其三，系统推进与重点突破相结合。围绕建设世界一流的中心城市，增强城市的全球资源配置能力和影响力，精准发力，重点突破。其四，保障秩序与激发活力相结合。在强化城市治理创新，打造国际化城市治理体系进程中，要处理好安全稳定与开放活力之间的关系，努力找到最佳结合点。根据“四个结合”的原则，我们提出如下建议。

第一，更新城市治理理念，明确国际化标准与规范。实现城市治理的国际化，就要在治理理念更新上下功夫，由城市管理向城市治理转型。城市治理反映的是政府作为治理主体，尊重和引导社会、市场力量参与公共产品的供给与管理。城市治理理念的国际化，意味着要尊重现代城市自然形成的丰富业态，尊重城市自身发展的客观规律和逻辑，合理引导城市的经济业态发展，提高城市建设的审美能力，打造国际化的城市生态。国际化城市的发展需要一个长期过程，与城市的文化风貌、居民的人文气息是相辅相成的。

第二，加强城市治理条块协同，加强系统化治理。城市治理是一项综合性的系统工程，既要做好顶层设计，也要各部门、各单位做好协同工作。我们应当承认，“治理碎片化”仍然是当前中国城市治理普遍存在的现象，也是治理的难点。推进国际化城市治理，自然会面临提升治理协调性、增进治理绩效、降低治理成本等重大挑战。因此，城市治理者需要在协同治理上下功夫，实现纵向联动、横向联合。一方面，要重视城市治理的整体性思维，增强不同职能部门协同治理的主动性，继续推进城市治理的共建与共享，把资源优势转化为治理优势；另一方面，要形成城市协同治理的常态化机制，按照系统治理、依法治理、综合治理、源头治理的理念和方式，从政策制定到政策执行，从规划建设到运营维护，进一步理清思路和步骤。

第三，重视城市公共服务的供给，增强民生保障能力。近年来，中国在教育、医疗、交通等公共服务上持续加大投入力度，已取得显著成效。然而，国内许多城市的公共服务建设面临着空间不足、布局不均等现实问题。外来人口迁入和人口流动规模仍然很大，给城市公共服务的供给带来一定的压力。基本公共服务事关基础民生和社会稳定，也是城市治理的重要方面。因此，城市治理者要进一步深化改革，因地制宜，加大基本公共服务供给，优化城市公共服务资源的空间布局，突破难点，提升保障能力。

第四，动员各方力量，调动多元主体的积极性，共同参与治理。传统的城市治理模式体现为政府作为单一主体，通过自上而下的方式对各类城市问题进行规制、管控等。政府责任的过度延伸，容易忽视社会主体的治理责任，陷入依赖行政资源投入、增加社会成本等方面的治理困境。在城市治理的现代化转型中，需要回归治理主体的功能定位，兼顾简政放权、放管结合和优化服务，实现政府、市场和社会的良性互动。

第五，找准城市治理的比较优势，提高城市的国际竞争力。中国城市治理的国际化早已超出了经济范畴，形成了经济国际化、文化国际化、政治国际化等多个维度并存的情形。通过横向比较，不难发现，国际化城市治理水平的提升，也需要依托各类国际化城市独特的结构性功能和资源禀赋特性。因此，中国国际化城市的治理不仅要对标国际一流城市的各项建设指标，而且要通过横向比较来找准自身定位，凸显具有中国特色的国际化价值。

第八章

城市治理的政治学探讨

城市是进行现代化建设的地理空间，也是进行权力配置的重要制度空间，城市化过程也就成为容纳政府治理现代化、社会力量崛起、市场力量壮大等复杂的现代化过程。唯有厘清中国城市化过程中的城市性问题，才能进行相应的改革，这就迫切要求城市政治学理论大踏步向前发展。

中国的城市化形成了纷繁复杂的局面，具有“两化合一”的特征。也就是说，落后地区的城市与较为发达的城市都在一个国家范围内，城市治理者很难实行统一的城市治理方案。这既是城市发展本身具有的集聚效应所导致的不平衡性，也是不同国家意志导致的不平衡性。本书选取的两个案例就是实验主义和设计主义两种发展路径的极端个案。

我们可以将复杂的城市治理问题细分为以下三个维度：宏观层面的城市化布局和战略部署，中观层面的城市制度设计和政策制定，微观层面的个体参与和行为引导。在前面的探讨中，我们强调了单体城市范围内的治理问题，它既是受制于国家意志的政治体系中的执行单元，也是社会力量和市场主体不断崛起的城市社会。实际上，随着中国城市化进程的不断推进，超过一半的中国人居住在城市里，单体城市的治理体制并不能有效应对城市发展的新局面。尽管各个城市在发展需求方面存在差异，但城市治理的决策与执行却具有同质性。因此，中观维度的城市化治理问题尤其需要“面向城市治理的政治学”作为理论支撑。

第一节
城市性与城市治理

一、集聚是城市性的重要表现

准确把握城市性，是推进市域社会治理现代化的基础，[①] 城市性本身构成了城市治理的限定性条件。[②] 城市性问题是理解"城市治理"的前提。城市性回应的是"属于城市的问题"，而不仅仅是"城市的问题"。因此，我们需要对城市化进程与其他社会进程进行区分。[③]

城市性体现为一种"非农村性"，是一种在生活方式、空间特征、文化心理、社会特性、组织特性等多个方面与农村有着明显区别的特性。[④] 城市与乡村在诸多方面的区别是伴随着市场经济体系、技术进步、资本流通等多种因素而形成的，而集聚构成了这一系列过程的逻辑起点。集聚是迎合工业化生产需要而出现的人口与生产要素的群聚形态，因此，集聚是城市性的重要表

① 吴晓林．城市性与市域社会治理现代化 [J]. 天津社会科学，2020（3）：75-82.

② 赵俊源，何艳玲．规模红利与公共服务：中国城市治理过程的"双维互构"及其演进 [J]. 同济大学学报（社会科学版），2020，31（3）：48-59.

③ 何艳玲，周寒．全球体系下的城市治理风险：基于城市性的再反思 [J]. 治理研究，2020，36（4）：5-19，2.

④ 吴晓林．城市性与市域社会治理现代化 [J]. 天津社会科学，2020（3）：75-82.

现。具体来说，集聚主要表现为以下几个方面。

第一，集聚带来了城市人口的异质性，形成了城市特有的社会结构。传统的农村是熟人社会，以血缘、族缘、地缘为纽带，形成了同质化、人格化和低流动性的聚居形式。而大规模人口在有限的城市空间中的集聚形成了完全不同的社会结构，具有多样性、个性化、异质性、非人格化和高度流动性等特征。这种社会结构塑造了城市居民的生活方式。在城市里，人们追求隐秘的私人空间、开放的公共空间和多样的消费空间。同时，在缺乏非正式组织纽带的情况下，人口、资本、信息和技术的集聚程度日益加深，城市密度的加大带来了充足的活力。但这种高密度的城市集聚也带来了一些负面问题，比如城市空间破碎和空间隔绝。在市场机制的驱动下，城市内部的居民的居住空间会进行调整，那些生产力不足的阶层往往会被边缘化。于是，在城市内部便形成了根据经济收入等级标准来划分的居住空间。

第二，集聚带来了城市土地的集约性，形成了城市特有的土地关系。詹姆斯·斯科特（James C. Scott）提出，城市土地关系是理解城市本质的核心。城市土地关系实际上是一系列土地开发活动的呈现，过度的开发会导致空间的分层，形成碎片化的空间，并折射到城市居民的生产和生活中。在城市开发过程中，土地作为城市空间的物质载体，构成了驱动城市这台“增长机器”的核心要素之一。以土地作为金融资产（而不是生产要素）投入资本循环中，将空间的稳定性转变为资本的流动性，实现投资收益最大化。特别是在中国快速城市化的背景下，城市的扩张带来了土地关系的深刻变化。依附于土地的农民在土地资本化的过程中演变成了脱离土地的市民。依据土地关系进行的利益分配导致城市内部新的社会阶层逐渐形成。

第三，集聚带来了资本的支配性，彰显了个体的脆弱性。城市是资本流通的场所，资本不仅会导致产品剩余，也会导致城市的不均衡发展，而“租金”的最大化导致城市原住民不得不外迁，职住分离现象因此出现。[①] 资本流通的平衡性导致城市内部发展不平衡，同时彰显了城市个体的脆弱性。从这个角度来说，城市形成了一个资本循环的场所，城市政府以土地作为筹码参与进来，城市中的个体也以满足家庭住房等需求而参与这个资本循环过程，这就忽视了弱势阶层的权益，也降低了城市抵御风险和再分配的能力。

二、城市治理问题

首先，城市的规划、设计与更新，是关乎城市发展与民众社会生活的治理问题。城市的规划、设计与更新不仅是一个科学的

① 赵俊源，何艳玲．规模红利与公共服务：中国城市治理过程的“双维互构”及其演进[J]. 同济大学学报（社会科学版），2020，31（3）：48-59.

决策过程，也不仅是一个外部硬件的建设过程，而且是一个涉及所有民众生活的建构过程。中国的城市治理始终在汲取规模红利和提供公共服务这两个目标之间游移。在以经济增长为首要目标的经济转型期，生产性、消费性的城市规划确实为城市的发展吸纳了更多的人口，但民众的生活变化相对滞后，比如：商业的连续性较差，宽阔的马路降低了便利性感受，职住分离的城市布局加大了城市人口的通勤成本，弱势群体居住空间的边缘化降低了城市公共服务的可及性等。这些需求都是伴随着城市化进程而出现的。因此，我们不能将城市建设当成社会问题的解决方案，而应将城市看成是社会问题的衍生场域。

其次，城市资源的再分配过程，需要把国家带入城市治理当中。在市场经济条件下，城市具有经营性特征。改革开放以后，中国的城市构建了符合市场经济规律的商业体系，城市的消费属性越来越强。特别是土地关系的变化，以及由此带来的以土地和房屋为核心的资本循环，投射到生活场域中就表现为社会分层和区位分异。在此过程中，民众抵御风险的能力是呈下降趋势的，这就更加需要城市政府加强资源的再分配。目前，城市政府公共服务的配套建设还不能满足民众的实际需求。紧缺的公共服务资源在空间分布上的不均衡性，导致了与其紧密相关的户籍与房产的等级化，形成了具有中国特色的“城居焦虑”。

最后，需要把握城市规模红利与公共服务之间的平衡性，从而实现城市的现代化建设。城市中的人口、技术、信息和各种生产要素通过共享、匹配、学习等机制来实现规模经济。改革开放以来的城市化进程以规模红利为优先选项，形成了“只要人手，不要人口”的局面，既要追求经济增长的规模效应，又要尽可能地减少政府在公共服务方面的开支。在流动人口持续增多、农村人口市民化持续推进的情况下，城市建设职能更加偏向居住和消费，城市的公共服务供给职能有所增强，但规模红利和公共服务之间形成了相互约束的机制，构成了更加复杂的城市治理局面。从城市之间的人口竞争来看，城市对人口的需求越来越大，因此，城市降低了准入门槛，扩大了红利的覆盖范围，在一定程度上推动了户籍制度的改革。

第二节
“面向城市治理的政治学”理论建构

一、城市治理是提升国家治理能力的重要领域

随着城市化进程进一步推进，城市治理问题将成为中国社会治理的核心问题之一。如果不能有效解决城市治理问题，也会使农村社会的治理问题复杂化。解决城市治理问题，就要把国家带入城市治理领域，而国家治理主要体现在城市发展过程中。从这个角度来看，城市治理是提升国家治理能力的重要领域。我们可以将城市问题的国家治理分解为以下两个维度。

首先，国家再分配职能在城市治理过程中应得到强化。在中国的城市化过程中，城市在计划经济时代主要承担建设职能。在改革开放年代，城市主要承担着经济增长职能，城市公共服务资源的再分配处于滞后状态。在中国特有的城市土地关系里，城市政府也以土地财政为主要资金来源。城市政府驱动着以使用价值换取交换价值的城市开发机制，从而产生了所谓的“经营性福利”。也就是说，民众所享受的福利并不是无条件的，而是需要付出一定的代价，其供应能否持续下去，要视项目运转情况而定。虽然客观上存在诸多提升城市公共服务资源再分配的规定，但可以缓解阶层分化、降低市场恶性竞争的再分配能力依然

有待强化。特别是在政府财政紧张的情况下，需要改变政府的公共服务供给模式，以治理思维实现国家、社会和市场的良性互动。

其次，在中央和地方关系方面，国家治理职能应进行合理分配。在改革开放之后的分权改革体制下，地方政府成为城市动力机制的主体。从分权改革中获得的自主性主要表现为地方政府在推动城市化过程中的各种举措。这就形成了中国在改革开放后快速提升城市水平的重要指标——城市化率。因此，城市化率也成为地方政府政绩考核的重要指标。有些地方政府将农民转化为市民的数量作为地方政府的年度工作目标。这种在短时期内把农民迁入城市的做法在一定程度上增加了中国城市化进程的无序性。随着城市区域化和集群化发展趋势的加强，城市之间的分工与协作更加凸显了城市功能的同质性等问题，而扭转这种城市发展模式的关键在于中央对城市化发展的统筹布局，强化中央与地方的关系。国家中心城市的布局体现了中央在此方面所做的努力。以国家意志与城市发展相结合，通过规划的形式赋予区域中心城市特定的功能，既能让城市的发展符合合理的发展路径，又能在更大的范围内实现城市之间的互补与协作。

在城市化过程中，中国不同区域、不同城市面临着不同的城市化阶段。因此，在不同地区，城市化问题的表现也会出现差异，但这些城市都面临着同样的治理过程，即国家、资本与社会共同参与城市规划和城市治理的过程。[①]

中国形成了复杂的治理谱系，位居两个端点的是实验主义路径和设计主义路径，而在改革开放以后，中国城市快速发展的路径是实验主义路径。中国城市发展过程也是不断将城市发展的成功经验合理推广的过程。这个过程也是地方治理的探索过程。然而，随着城市化进程的推进，特别是城乡一体化的持续深化，“城市病”成为地方治理的焦点问题。城市不仅需要解决中央和地方之间的控制权分配问题，还需要处理国家、市场和社会之间的互动与运转问题。而解决这个问题的关键在于构建起国家、市场、社会三方协作的机制，让政府由管理者转变为协调者，进而成为解决城市治理问题的协作者。

二、“面向城市治理的政治学”理论建构

城市既是政治体系中的治理单元，也是社会生活的场域，还是经济发展的空间，成为一台“增长机器”。从这个角度来看，城市的集聚主要体现为权力、需求和资本的集聚。城市政治学理论因此出现并得到发展。

长期以来，我们积累的城市治理经验都是地方政府的治理经

① 姚尚建. 城市政治：正义的供给与权利的捍卫[M]. 北京：北京大学出版社，2017：227.

验，而不是城市化的经验。因此，社会学、经济学、规划学等学科把城市当成一个研究对象，并且形成了各种不同的城市理论。政治学缺少对城市化持续推进过程方面的研究。中国的城市治理是一个动态过程，并且处在不断推进的过程中。它受经济与政治双重力量驱动，需要平衡以下三大关系：经济增长和政治稳定之间的关系，国家权力与社会权利之间的关系，城市发展的一般规律与中国发展特定阶段之间的关系。我们既要解决大量人口向超大城市不断涌入的问题，也要解决因人口流失而出现衰败的城市发展问题；既要解决大规模人口集聚而形成的公共服务需求骤然增加的问题，也要解决大规模公共服务投入的均衡性和可及性问题；既要完成大型公共基础设施的建设，也要应对社区民众的服务需求；既要有效回应民众的政策偏好，也要促进流动人口的社会融合；既要发挥城市规模效应，也要谨防碎片化所带来的城市风险。这一系列问题叠加在城市空间范围内，增加了城市治理的复杂性，加大了城市风险。因此，“面向城市治理的政治学”也就成为题中之意。

参考文献

一、中文文献

[1] 杨宽. 中国古代都城制度史研究[M]. 上海：上海人民出版社，2016.

[2] 查尔斯·蒂利. 强制、资本和欧洲国家（990—1992年）[M]. 上海：上海人民出版社，2012.

[3] 赵鼎新. 国家、战争与历史发展：前现代中西模式的比较[M]. 杭州：浙江大学出版社，2015.

[4] 姚尚建. 城市政治：正义的供给与权利的捍卫[M]. 北京：北京大学出版社，2017.

[5] 厉以宁. 资本主义的起源：比较经济史研究[M]. 北京：商务印书馆，2003.

[6] 韩博天. 红天鹅：中国独特的治理和制度创新[M]. 北京：中信出版集团，2018.

[7] 曹海军. 城市治理理论[M]. 北京：北京大学出版社，2017.

[8] E. S. 萨瓦斯. 民营化与PPP模式：推动政府和社会资本合作[M]. 北京：中国人民大学出版社，2015.

[9] 洪世键. 大都市区治理的理论演进与运作模式[M]. 南京：东南大学出版社，2009.

[10] 张玥. 城市碎片：北京、芝加哥、巴黎城市保护中的政治 [M]. 北京：北京大学出版社，2019.
[11] 费孝通，刘豪兴. 社会调查自白[M]. 上海：上海人民出版社，2009.
[12] 林毅夫，蔡昉，李周. 中国的奇迹：发展战略与经济改革[M]. 上海：上海人民出版社，1994.
[13] 彭希哲，等. 中国大城市户籍制度改革研究[M]. 北京：经济科学出版社，2015.
[14] 苏黛瑞. 在中国城市争夺公民权[M]. 杭州：浙江人民出版社，2009.
[15] 布莱恩·贝利. 比较城市化——20世纪的不同道路[M]. 北京：商务印书馆，2008.
[16] 戴维，等. 城市政治学理论[J]. 上海：上海世纪出版集团，2009.
[17] 王丰. 分割与分层：改革时期中国城市的不平等[M]. 杭州：浙江人民出版社，2013.
[18] 陈映芳. 城市中国的逻辑[M]. 上海：三联书店，2012.
[19] 马克·戈特迪纳，莱斯利·巴德. 城市研究核心概念[M]. 南京：江苏教育出版社，2013.
[20] 陆铭. 空间的力量——地理、政治与城市发展[M]. 上海：格致出版社，2013.
[21] 耿明斋. 中日城镇化比较研究[M]. 北京：社会科学文献出版社，2017.

[22] 马小红，尹德挺. 当代北京人口（上）[M]. 北京：中国人民大学出版社，2014.

[23] 俞可平. 治理与善治[M]. 北京：社会科学文献出版社，2000.

[24] 戴维斯. 城市政治学理论前沿[M]. 上海：格致出版社，2013.

[25] 亨利·列斐伏尔. 空间与政治[M]. 上海：上海人民出版社，2008.

[26] 戴维·哈维. 后现代的状况：对文化变迁之缘起的探究[M]. 北京：商务印书馆，2003.

[27] 吴晓隽. 中国三大都市圈经济发展方式的比较研究[D]. 上海：上海交通大学博士后学位论文，2008.

[28] 汪吉庶. 新地方政府公司主义：地方融资平台与政府行为研究[D]. 北京：清华大学博士论文，2016.

[29] 谢金林. 城市基层权力变迁与社区治理的发展——基于国家—社会关系的视角[J]. 云南社会学，2011（4）.

[30] 毛曦. 试论城市的起源和形成[J]. 天津师范大学学报（社会科学版），2004（05）.

[31] 江艇，孙鲲鹏，聂辉华. 城市级别、全要素生产率和资源错配[J]. 管理世界，2018，34（3）.

[32] 薛澜，李宇环. 走向国家治理现代化的政府职能转变：系统思维与改革取向[J]. 政治学研究，2014（5）.

[33] 刘守英，王一鸽. 从乡土中国到城乡中国——中国转型的乡村变迁视角[J]. 管理世界，2018，34（10）.

[34] 徐勇. 论现代化中后期的乡村振兴[J]. 社会科学研究，2019（2）.
[35] 李培林. 巨变：村落的终结——都市里的村庄研究[J]. 中国社会科学，2002（1）.
[36] 邓智团，樊豪斌. 中国城市人口规模分布规律研究[J]. 中国人口科学，2016（4）.
[37] 杨升祥. 当代中国城市化的历程与特征[J]. 史学月刊，2000（6）.
[38] 朱守银. 中国农村城镇化进程中的改革问题研究[J]. 经济研究参考，2001（6）.
[39] 周黎安. "官场+市场"与中国增长故事[J]. 社会，2018，38（2）.
[40] 王洋、王少剑、秦静. 中国城市土地城市化水平与进程的空间评价[J]. 地理研究，2015（12）.
[41] 何艳玲，周寒. 全球体系下的城市治理风险：基于城市性的再反思[J]. 治理研究，2020，36（4）.
[42] 杨宏山. 双轨制政策实验：政策创新的中国经验[J]. 中国行政管理，2013（6）.
[43] 吴良镛，武廷海. 从战略规划到行动计划——中国城市规划体制初论[J]. 城市规划，2003（12）.
[44] 张庭伟. 城市化作为生产手段及引起城市规划功能转变[J]. 城市规划，2002（4）.
[45] 徐小黎，史培军，何春阳. 北京和深圳城市化比较研究[J]. 地球科学进展，2002（2）.

[46] 田莉. 论我国城市规划管理的权限转变——对城市规划管理体制现状与改革的思索[J]. 城市规划，2001(12).

[47] 陈波，张小劲. 内部激励与外部约束——新一轮城市竞争中的户籍制度改革逻辑[J]. 治理研究，2019，35(2).

[48] 俞可平. 治理和善治引论[J]. 马克思主义与现实，1999(5).

[49] 吴宁. 列斐伏尔的城市空间社会学理论及其中国意义[J]. 社会，2008(2).

[50] 宁越敏. 世界城市研究和中国的世界城市建设[J]. 探索与争鸣，2019(3).

[51] 吴晓林. 城市性与市域社会治理现代化[J]. 天津社会科学，2020(3).

[52] 赵俊源，何艳玲. 规模红利与公共服务:中国城市治理过程的“双维互构”及其演进[J]. 同济大学学报(社会科学版), 2020, 31(3).

[53] 吴晓林. 城市性与市域社会治理现代化[J]. 天津社会科学，2020(3).

[54] 李明超. 马克思和恩格斯的城市思想论要[J]. 中共天津市委党校学报，2009，11(2).

二、外文文献

[1] Anne L, Schneider, Helen Ingram. Policy Design for Democracy [M]. University of Kansas Press, 1997.

Bertrand de Juvenile, Sovereignty[M]. Chicago, University of Chicago Press, 1963.

[2] Esherick J W. Commercialization and Agricultural Development: Central and Eastern China, 1870-1937. By Loren Brandt. New York: Cambridge University Press, 1989: 232 [J]. The Journal of Economic History, 1991,51 (2).

[3] Hall R. Organizations: Structure, Process and Outcomes[M], New York: Jersey Prentice Hall, 1991.

[4] Harvey. The Condition of Postmodernity[M]. Oxford: Blackwell, 1990.

[5] Henri Lefebvre. The Production of Space[M], Wiley-Blackwell, 1991.

[6] Henri Lefebvre. The Survival of Capitalism: Reproduction of the Relations of Production, Trans[C]. Frank Bryant, Allison and Busby, London: The Johns Hopkins University Press, 1976.

[7] Herbert A. Simon. The Sciences of the Artificial, Third Edition [M]. MIT Press,1996.

[8] Isaac R, Elvin M. The Pattern of the Chinese Past[J]. Journal of the American Oriental Society, 1975, 95 (3).

[9] Ling Chen and Barry Naughton. A Dynamic China Model:

The Co-Evolution of Economics and Politics in China [J]. Journal of Contemporary China, 2017, 26 (103).

[10] McAfee Preston and John McMillan. Organizational Diseconomies of Scale[J]. Journal of Economic Management Strategy, 1995, (4).

[11] Peter Hall. The World Cities[M], London: Weidenfeld and Nicolson, 1966.

[12] Rhodes R. The New Governance: Governing Without Government [J]. Political Studies, 1996, 44 (4).

[13] Saidel, Judith R. Resource Interdependence: The Relationship Between State Agencies and Nonprofit Organizations [J]. Public Administration Review (1991).

[14] Saskia Sassen. The Global City[M], Princeton: Princeton University Press, 1991.

[15] Schmitter P C. Still the Century of Corporatism?[J]. Review of Politics, 1974, 36 (1).

[16] Tolbert C. J., Karen M. The Effects of E-Government on Trust and Confidence in Government[J]. Public Administration Review, 2006 (3).